영적 전쟁

허지영

광진문화사

허지영 신앙수필집
영적전쟁

인쇄 2023년 01월 16일
발행 2023년 01월 22일

지은이 허지영
발행인 유차원
펴낸곳 광진문화사
발행소 04556 서울 중구 마른내로 4가길 5
        남양빌딩 3층 광진문화사
전   화 02-2278-6746
작가 이메일 young-sara@hanmail.net
출판 등록 제2-4312

*이 책의 저작권은 저자에게 있습니다.
*저자의 서면 동의없는 무단 전재 및 복제를 금합니다.
*인지는 생략합니다.
*잘못된 책은 바꿔 드립니다.

영적 전쟁

허지영

추천의 글

　허지영 권사님이 세 번째 책 "영적전쟁"을 발간하게 된 것을 진심으로 축하하며 축복합니다.

　그동안에도 일상의 삶과 신앙생활을 간증으로 풀어쓴 저서를 통해 많은 분들이 은혜와 감동을 받았습니다.

　이번에 발간하는 "영적전쟁"은 영적인 체험을 해보지 않은 사람은 다룰 수 없는 주제입니다. 허 권사님은 늘 은사를 사모하여 새벽을 깨우며 기도하는 분이기 때문에 오랜 세월동안 받은 기도의 응답이 저서 곳곳에 간증으로 기록되었습니다.

　성도들이 공중권세 잡은 악의 영들이 활개 치는 세상에 살며 하나님의 선하시고 기뻐하시고 온전하신 뜻이 무엇인지 분별하는 것은 너무나 중요합니다. 이런 면에서 성경말씀을 중심으로 악한 영들의 정체와 활동을 세세하게 고발하는 "영적전쟁"은 성도들의 신앙생활에 큰 도움이 될 것입니다. 특별히 다른 사람이 체험한 생생한 영적인 간증은 내가 세상을 이겨나가는데 힘이 될 것입니다.

담임목사인 저는 하나님께서 허지영 권사님을 어떻게 사용하실지 큰 기대를 가지고 지켜보고 있습니다.

"영적전쟁"이라는 저서를 통해 허 권사님의 오랜 기도의 열매가 풍성하게 맺혀지시기를 바라며 독자들에게 이 책을 추천합니다.

꿈의숲교회 위임목사 최창범

머리글

할렐루~야!!!

살아계셔서 지금 이 순간에도 일하고 계신 만군의 주, 창조의 주 하나님을 찬양합니다.

할 수 없는 자로 하게 하시는 능력의 하나님이심을 고백하지 않을 수 없습니다.

나 보다 나를 더 잘 아시는 나의 아빠 아버지 하나님, 사랑합니다.

내 삶! 네 삶? / 네 힘? 내 힘! 에 이어 하나님께서는 세 번째 명령을 내게 하셨습니다.

바로「영적 전쟁」에 대해 기록하여 책으로 펴내라는 것이었습니다.

살아오면서 겪은 영적 전쟁에 대해 기록하라는 마음을 주셨지만 내 힘으로 할 수 없기에 또 하나님 앞에서 눈물을 흘리며 울 수밖에 없었습니다.

"내가 너와 함께 한다."란 말씀에 힘을 얻고 하나님의 도우심을 구하며 말씀에 순종하여 펜을 들었습니다. 항상 그렇듯 내가 하는 것이 아니요, 오직 내 안에 살아계신 삼위일체 하나님께서 행하실 줄 믿으며 글을 써 내려가기 시작했습니다.

2010년 어느 날, 유치원에 함께 근무하고 있던 교사로부터 한 권의 책을 전해 받았습니다.

바로 C.S. 루이스 저 「스크루테이프의 편지」라고 하는 작은 책이었습니다. 받아들며 '아, 분량이 적으니 며칠이면 읽을 수 있겠네.'라고 생각하였습니다. 그런데 웬걸... 읽으면서도 무슨 내용인지 이해가 되지를 않아 읽은 줄을 또 읽고 또 읽고를 몇 차례 반복했을 뿐만 아니라 손에 책이 들려져 읽으려고만 하면 왜 그리 졸음이 쏟아지는지 정말 읽어 내려가기가 참 어려웠습니다.

몇 년의 시간이 흐른 후 꿈의숲교회 김국현목사님께서 이 책을 선물로 주셨습니다. 그래서 또다시 읽게 되었습니다.

이 책은 악마(사탄,마귀) 스크루테이프라고 하는 삼촌이 조카 웜우드에게 쓴 31통의 편지입니다.

이 책에서 악마들이 맡은 사람(성도)을 "환자"라고 말하고 있고 예수 그리스도를 "원수"라고 표현하고 있습니다.

그리고 악마(사탄,마귀) 스크루테이프는 조카인 웜우드에게 "너의 임무는 환자(성도)의 곁을 지키며 그가 제대로 생각하지 못하도록 방해하는 것이라는 점을 명심해야 한다."라고 임무를 이야기합니다. 악마(사탄,마귀)는 하나님을 믿는 우리 성도들의 마음과 생각을 좌지우지하며 판단을 흐리게 하고 선이 아닌 악한 길(하나님을 떠나 세상으로 향하게 하는 일)로 가도록 하는 일들을 합니다. 악이 마치 선인 양 생각하게 만듭니다.

악마(사탄,마귀)는 영적인 존재입니다. 그래서 우리 인간의 눈에는 보이지 않습니다. 그들은 인간의 마음에 거합니다. 하나님 말씀에 의하면 성령님도 우리의 마음에 거하신다고 하였습니다.
다시 말하면 성령님이 거하시는 곳도 마음이요, 악령이 거하는 곳도 마음이라는 것입니다.

그래서 "모든 지킬만한 것 중에 더욱 네 마음을 지키라 생명의 근원이 이에서 남이니라"(잠언 4:23)고 말씀하셨나 봅니다.

이처럼 마음을 지켜야 하는 이유에 대해 '생명의 근원이 이에서 남이니라'고 교훈합니다. '생명'은 단지 삶을 영위하고 수를 누리는 것만을 의미하는 것이 아닙니다. 그것은 해야 할 일을 다 하며 하지 말아야 할 일을 금하고, 보다 가치 있고, 보다 소중한 일을 행하는 삶을 의미합니다. 즉, 하나님의 뜻대로 살며 하나님을 섬기고 이웃을 사랑하는 삶, 세상 사람들에게 선한 본이 되는 삶, 성결하고 거룩하며 규모 있는 삶, 존경과 찬사를 들을 수 있는 삶을 의미합니다. 이는 그야말로 삶다운 삶이며 모든 인생이 추구해야 할 삶이라 할 수 있습니다.

그만큼 마음이 중요하다는 것입니다. 마음에서 생각이 나오고 그 생각이 말이 되어 입으로 나오며 행동으로 표출되어 삶을 만들어 가기 때문입니다.

당신의 마음은 어떤 상태에 있습니까?
어떤 영에 지배를 당하고 있습니까?

우리의 삶은 날마다 「영적 전쟁」을 치르고 있습니다. 우리 안에서 항상 두 마음이 싸우고 있다는 것입니다.

하나님의 말씀에 자기 자신을 비추어 보며 살아가고 있습니까?
아니면 그에 반하여 육신의 정욕과 안목의 정욕과 이생의 자랑을 따라 세상을 따르며 살아가고 있습니까?

기독교는 하나님을 바라보고 나아가는 종교입니다.

그러나 하나님을 대적하는 영적 존재가 있다는 것을 간과해서는 안 됩니다.

성도는 하나님의 존재를 인식하고 있습니다. 그러면 사탄의 존재는 얼마나 인식하고 있습니까?

이 책을 통해 악한 영(사탄, 마귀)의 존재가 있음을 분명히 깨닫고 더욱 하나님께 가까이 나아가는 성도, 더 나아가 하나님과 연합, 동행, 일치하는 삶을 사는 성도가 되어 영적 전쟁에서 날마다 이기고 승리하는 삶이 되길 간절히 소망합니다.

다시 한번 강조하지만, 하나님께서 할 수 없는 자에게 「영적 전쟁」을 쓰라고 명하셔서 그저 순종하여 하나님의 인도하심에 따라 글을 쓰게 되었습니다. 하나님께서 하셨습니다. 이 책을 통해 하나님께서 하실 일을 기대합니다. 모든 영광을 하나님께 올려드립니다. 할렐루~야!!!

2022. 12. 25. 허지영

「영적 전쟁」을 펴내며

할 수 없는 자로 끝까지 글을 마무리할 수 있도록 도우신 삼위일체 하나님께 감사와 찬송과 모든 영광을 올려드립니다.

이 책을 쓰는 기간 동안 얼마나 많은 영적 전쟁을 치러야 했는지 말로 다 표현할 수가 없습니다. 너무나 많은 눈물을 쏟았고 무릎 꿇어 하나님께 부르짖어 기도하지 않을 수가 없었습니다.

모든 이들과 화평하기를 원하는 내게 관계를 깨뜨리려는 악한 영들의 궤계가 말할 수 없이 많았습니다. 내 입으로 생각지도 않았던 말을 하게 하든, 나의 말을 상대방이 곡해하게 하든, 상대방의 말로 내가 상처를 받는 등 수많은 일들이 있었습니다.

또, 담배 냄새에 알러지가 있어 숨을 쉬기 어려워하는 내가 글을 쓰고 있으면 내 코에 담배 냄새가 그렇게 느껴져 결국은 자리에서 일어나도록 만들었습니다. 나의 집안에서 담배 냄새가 날

수가 없는데 도대체 이게 무슨 일이지? 어디로 들어오는 건가? 처음에는 이렇게만 생각했습니다. 아무리 둘러 봐도 냄새가 들어오는 곳이 없었습니다. 이 또한 악한 영들이 하는 일임을 영적 설교를 들으며 알게 되었습니다. 영적으로 깨어 있는 사람이라면 느낄 수 있다고 합니다. 그것을 깨닫게 된 후로 담배 냄새가 나지 않았습니다.

영상매체를 보지 않는 내가 인스타그램에 올라온 동물 영상을 넋 놓고 한 시간씩 보고 있어 스스로 깜짝 놀라는 일이 몇 번이며, 그렇게 잠이 쏟아져 글을 쓰지 못하게 하고, 빗발치는 전화로 글 쓰는 것을 방해하기도, 또 먹는 것으로 유혹을 하는 일들이 너무나도 빈번하게 일어났습니다.

명령하신 22년 연말까지 글을 써야 하는 것을 알고, 악한 영이 방해하는 것도 알면서도 그것을 이겨내고 글을 쓰기가 너무나 힘들었습니다.

글을 쓰지 못하도록 훼방하는 일들로 인해 글을 쓸 수 없어 부담감으로 내 마음이 너무나 힘들고 어려울 때, 미국에 계신 유수연 목사님께 전화가 왔습니다. 말씀을 읽는 중에 하나님께서 허지영에게 전화하라는 마음을 주셔서 순종하여 바로 전화를 하셨다는 것입니다. 그리고 대화 중 주기도문 일천번제를 명하셨습니다. 일천번제는 단번에 일천 번의 기도를 올려드리는 것이라고 말씀하셔서 순종하여 다음 날인 12월 1일 새벽예배를 마치고 하루를 금식하며 주님이 가르쳐 주신 기도(주기도문)를 보혈 찬양을 틀고 12시간 만에 일천 번 올려드리게 되었습니다.

그 이후 하나님과 더욱 깊은 교제를 하게 되었고 정신을 차리고 「영적 전쟁」 책을 힘을 내어 써 내려 갈 수 있었습니다.
반면, 어떻게 해서든 글을 쓰지 못하도록 하려고 악한 영들은 더욱 강하게 훼방을 하였습니다.
무릎을 꿇어 기도하지 못하도록 무릎을 아프게 하고, 통증으로 인해 하나님의 전에 가는 것을 힘들게 하며, 글쓰기에 집중하지 못하도록 두통 및 콧물이 나게 하는 등 육신을 연약하게 하였습니다. 그러나 하나님의 도우심으로 끝까지 승리하게 되었습니다. 할렐루~야!!!

나의 아빠 아버지 하나님은 매 순간 나에게 힘과 용기를 주셨고, 격려해 주셨으며, 위로해 주시고, 해야 할 것을 친히 알려 주셨습니다.

하나님은 항상 변함없이 우리를 지키시고 보호하시며 우리를 위하여 그리고 하나님 자신에 일을 위하여 쉬지 않으시고 끊임없이 일하고 계십니다.

하나님은 지금 이 순간에도 살아 역사하시고 계십니다.
살아계신 하나님을 찬양합니다. 할렐루~야!!!

하나님께서 말세를 살아가는 이 시대에 모든 성도가 꼭 알아야 하기에 부족한 자를 사용하셔서 「영적 전쟁」 책을 쓰게 하셨으니 부디 반드시 읽으시고 영적 전쟁에서 모두 승리하시길 간절히 기도합니다.

오직 하나님의 나라와 하나님의 의를 구하며 이 세상 끝날까지 하나님 아버지께 귀히 쓰임 받는 저와 우리 모든 성도가 되길 간절히 소망합니다. 그리하실 하나님을 찬양합니다.
할렐루~야!!!
아멘, 아멘, 아멘!!!

할 수 없는 자를 사용해 주신 하나님 아버지께 감사와 찬송과 모든 영광을 올려드립니다.

또한, 항상 영의 양식을 먹여주시어 글을 써 내려 갈 수 있도록 도와주시고, 먼저 책을 읽으시고 감수해 주신 영의 아버지 꿈의숲교회 최창범위임목사님께 감사드립니다.

그리고 날마다 새벽을 깨워 나를 위해 무릎 꿇고 눈물로 기도

하시는 육신의 아버지 허 도 장로님과 어머니 안순전 권사님께 감사드립니다.

끝으로, 나를 위해 중보기도 해 주신 모든 분께 감사드립니다.

사랑합니다. 축복합니다. ♡

축하의 글

만세 전부터 하나님, 예수 그리스도, 성령님의 뜻이 있어 하나님의 귀한 보물 허지영 권사님과의 복된 만남을 허락하신 삼위일체 하나님께 먼저 감사와 영광을 올려드립니다.

태평양 바다를 건너 우리가 믿음의 동역자로 함께 할 수 있도록 하나님께서 사랑의 띠로 하나가 되게 하셨습니다.

기도와 사랑으로 성부, 성자, 성령님의 능력을 함께 누리면서 영적인 교제를 하는 중 탄탄대로 안에서 하나님께서 우리 허지영 권사님에게 지혜와 지식과 능력을 더하여 주셔서 내 삶! 네 삶? 이라는 첫 번째 책을 쓸 수 있게 임마누엘 하시고, 두 번째 네 힘? 내 힘! 에도 하나님께서 능력으로 함께 하셨습니다.

이번 2023년 대망의 새해에 영적으로 고갈된 이 시대에 우리 허지영 권사님을 축복의 통로로 사용하셔서 큰 선물로 영적 전쟁에서 승리할 수 있도록 길을 안내하는 지침서인 영적 전쟁이라는 책을 편찬할 수 있게 도우시고 인도하신 주권자 하나님께 감사드립니다.

또한 참으로 애쓰시고 힘쓰신 우리 허지영 권사님께도 멀리서 하나님의 사랑을 담아 축하를 보내드립니다.

이 글을 읽으시는 독자님도 하나님의 은혜와 사랑이 함께 하시길 기도합니다.

우리를 사랑하시는 변함없으신 하나님께서 "영적 전쟁" 책을 통해 우리로 깨어나게 하시고 거듭남으로 진정한 그리스도인으로서 이 세상에서 승리하게 하실 줄 믿습니다.

조금도 부족함이 없는 나의 영적인 기도에 동역자이신 허지영 권사님께 뜨거운 축하의 메시지와 함께 영, 육 간 더욱 강건하시길 축복하며 기도합니다.
창조주 하나님의 심오하신 뜻 안에서 다음 편을 기대합니다.

워싱턴에서 영적인 동역자 유수연 목사

| 차 례 |

추천의 글 : 꿈의숲교회 최창범위임목사　　　　　　　　5
머 리 글 : 작가 허지영권사　　　　　　　　　　　　　7
작가의 글 : 「영적전쟁」을 펴내며　　　　　　　　　　12
축하의 글 : 워싱턴에서 영적인 동역자 유수연 목사　　17

들어가는 글　　　　　　　　　　　　　　　　　　24

제1편 귀신, 사탄, 마귀의 존재
사탄의 정의　　　　　　　　　　　　　　　　　　　32
사탄의 본성　　　　　　　　　　　　　　　　　　　35
사탄이 하는 일　　　　　　　　　　　　　　　　　40
악한 사탄을 방어하는 방법　　　　　　　　　　　　47

제2편 영적전쟁　　　　　　　　　　　　　　　　　53
제1화 음이 다 떨어지잖아!　　　　　　　　　　　　55
제2화 내가 왜 이러지?　　　　　　　　　　　　　　57
제3화 어떻게 저럴 수가 있지?　　　　　　　　　　　58
제4화 이것 갖고 싶어　　　　　　　　　　　　　　60
제5화 교회에 안가　　　　　　　　　　　　　　　　62
제6화 야, 그걸 노래라고 불렀냐?　　　　　　　　　65
제7화 아이, 짜증나　　　　　　　　　　　　　　　68

| 차 례 |

제8화 저한테 왜 그러세요? 72
제9화 도대체 이게 뭐지? 79
제10화 사람을 붙이리라, 생명을 살려라 85
제11화 젠장! 92
제12화 빨리 뛰어! 96
제13화 은혜를 입었으면 감사해야지 99
제14화 난 지금 너무 피곤해. 103
제15화 하나님 왜요... 107
제16화 통장의 잔고를 봐 111
제17화 종교는 지나치지 않아야 좋은 것? 116
제18화 용돈이 얼마? 121
제19화 멀어지게 해. 127
제20화 나는 음식을 사랑해 134
제21화 하나님의 임재 안에 머무는 삶 142
제22화 세상에, 내가 이렇게 겸손해지다니! 149
제23화 악~~~~~~~!!! 159

| 차 례 |

제24화 과거. 현재. 미래.　　　　　　　　　　168
제25화 나 하고 안 맞아!　　　　　　　　　　180
제26화 인간을 진심으로 사랑한다고?　　　　184
제27화 순결을 지키는 게 건강에 좋지 않다?　195
제28화 내 것　　　　　　　　　　　　　　　211
제29화 영적 교만　　　　　　　　　　　　　218
제30화 내가 너를 위해 이렇게 하는 거야.　　226
제31화 전신갑주를 입으라　　　　　　　　　234

제3편 말씀과 기도로 무장하라
1. 하나님의 말씀　　　　　　　　　　　　　243
2. 기 도　　　　　　　　　　　　　　　　　247

「영적 전쟁」을 마치며　　　　　　　　　　　267
부록1 기도문　　　　　　　　　　　　　　　271
부록2 축사 사역 실습　　　　　　　　　　　287

살아계셔서 역사하시는
하나님은 지금도 ~ing

들어가는 글

　2016년 12월 말에 하나님께서 성산(갈멜산기도원)에 오르라 하셔서 순종하여 올라갔을 때 플랜카드에 적혀 있던 글이 「기도로 풀고 말씀으로 결정한다」였다. 당시 가지고 온 갈멜산 소식지를 성경 필사 노트 뒷장에 끼워 두었다. 그런데 영적 전쟁 글을 쓰기 시작한 시점에 그 소식지를 꺼내 들어서 페이지를 넘겨가며 보게 되었다. 몇 장을 넘기다 보니 영/적/전/쟁 이라는 글이 한 코너에 기록되어 있는 것이 아닌가! 너무나도 놀라웠다. 나의 의도와 상관없이 보게 된 것은 하나님의 인도하심이라 생각하며 우선 이글을 먼저 공유하고자 한다.

　"하나님은 창조자시다. 그분은 무(無)에서 우주 안에 있는 모든 것을 창조하셨다. 어떤 원료를 가지고 계셨던 것도 아니며 하나님의 마음속에서 구성되기 전에는 아무것도 없었다. 하나님의 형상으로 창조된 우리 역시 창조자다. 하나님께서는 우리에게 활발한 상상력을 주셨다. 비록 우리가 살고 있는 세계는 하나님이 창조하셨지만, 우리는 거기에 콘크리트, 등불, 자동차, 마이크로칩, 조각품, 그리고 교향곡 같은 것들을 더한다. 우리는 생각을 하고 만들어 낼 수 있는 하나님께서 주신 창조적인 능력을 가지고 있다. 이런 놀라운 능력 또한 어둠의 세력들의 표적이 될 수 있다. 마귀는 우리의 상상력에 계속해서 거짓된 것과 바르지 못한 것을 주입 시킨다. 우리는 우리가 상상하는 일이 일어날까봐 걱정하고 두려워한다. 그런 나쁜 일들이 거의 일어나지 않는다 해도 말이다. 많은 사람들이 어둠을 두려워하는데 이것은 문자 그대로 어둠에 대한 공포 때문이다. 시야가 차단되고 상상의 화면에 끔찍스러운 장면이 떠오를 때 – 비현실적인 것 – 어둠의 공포는 몰려온다.

우리가 마귀의 접근을 허용하면 그는 우리의 창조성을 왜곡시키기 위해 여러 가지 상상들을 제공하는 것을 무척이나 즐긴다. 일례로 1989년 플로리다에서 처형된 테드 번디(Ted Bundy)는 18명을 살해한 살인광이었는데 그는 죽기 전 제임스 돕슨(James Dobson) 박사에게 그가 읽은 모든 폭력, 음란물에서 얼마나 많은 영향을 받았는지 말해 주었다.

하나님께서는 우리의 상상력이 거룩하지 못한 악한 생각으로 더럽혀 지기를 원치 않으신다. 그분은 우리에게 믿음을 갖게 하기 위한 상상력을 주신다. 믿음이란 이미 하나님의 말씀으로 이루어진 것이지만 그 말씀을 상상하는 것이다. 우리의 생각 속에서 그것이 이루어진 것을 보았다면 우리는 믿음을 가진 것이다. 이것이 "믿음은 바라는 것들의 실상이요 보지 못하는 것들의 증거니"(히브리서 11:1) 라는 말씀이 의미하는 바이다.

"우리가 육신으로 행하나 육신에 따라 싸우지 아니하노니 우리의 싸우는 무기는 육신에 속한 것이 아니요 오직 어떤 견고한 진도 무너뜨리는 하나님의 능력이라 모든 이론을 무너뜨리며 하나님 아는 것을 대적하여 높아진 것을 다 무너뜨리고 모든 생각을 사로잡아 그리스도에게 복종하게 하니"(고린도후서10:3-5)
※ 개혁개정으로 바꾸어 기록함

사람들은 흔히 휴머니즘, 이슬람교, 공산주의 그리고 다른 종교들과 제도들을 가리켜 '견고한 진'이라고 말한다. 그러나 고린도후서에서 말씀하고 있는 '견고한 진'이란 인간이나 마귀의 거대하고 복잡한 체계들을 가리키지는 않는다. 여기서 가리키는 것은 생각의 견고한 진들이다. 이러한 견고한 진들은 잘못된 생각, 즉 불신, 낙담, 두려움 그리고 부정적인 생각들을 통해 우리들의 생각 속에 지어진 공중누각들이다.

오늘날 그리스도인들이나 비그리스도인이나 할 것 없이 두 가지 공통된 견고한 진이 있는데 그것은 열등감과 죄책감이다.

열등감은 끊임없이 우리에게 말한다. "너는 키가 작구나." "너는 말쑥하지 못해." "너는 잘생기지 못했어." "너는 그것을 평생 이룰 수가 없어." "너는 가치 없는 존재야." 이러한 열등감의 갈고리들은 우리를 다른 사람들과 경쟁하게 하고 다른 사람을 부러워하게 만든다.

사탄은 또 "너는 하나님을 기쁘시게 하지 못해. 너는 영적인 사람이 못돼. 너는 성경을 제대로 읽지 않지? 너는 하나님과 밀접하지 않아."라고 하면서 죄책감을 준다. 우리는 이러한 생각들 때문에 마치 신선한 공기를 맞으며 하나님이 의롭다 하시는 햇살을 받을 수 없는 것처럼 느끼게 된다. 어떤 그리스도인들은 황량한 죄책감 속에서 매일을 살아간다.

이와 같은 열등감과 죄책감 두 가지 견고한 진을 우리가 거절하고 성경에서 하나님이 우리에게 말씀하시는 것을 받아들일 때 우리는 영적 전쟁에서 반드시 승리하게 된다.

생각은 우리의 입속에 들어가는 음식과 같다. 우리는 의식하지 않고 한 입 먹는다. 우리는 매번 씹을 때마다 멈춰서 생각하지 않아도 썩은 과일을 먹었을 때 자동적으로 내뱉게 된다. 마찬가지로 생각과 상상력을 다루는 것은 자동적일 수 있다.

모든 군대의 주둔지에는 보초가 있다. 그들은 위치에서 움직이지 않고 서 있다가 덤불 속에서 들리는 바스락거리는 소리를 듣고 움직인다. 그리고는 즉시 "누구야?"라고 묻고 침입자를 물리칠 태세를 갖춘다.

우리 역시 모든 생각들과 모든 상상들이 신뢰할 만한 것인가를 점검하기 위해 생각의 문 앞에 보초를 세울 필요가 있다. 이로써 거짓된 것, 정의롭지 못한 것, 하나님께 속하지 않는 것들을 무찌르기 위한 태세를 갖춰야 하는 것이다. 만일 적합하지 않은 것이 들어온다면 내쫓아야 한다. 모든 생각들에 대하여 경계를 서는 것, 이것이 영적 전쟁이다.

성경은 "대저 그 마음의 생각이 어떠하면 그 위인도 그러한즉 그가 네게 먹고 마시라 할지라도 그의 마음은 너와 함께하지 아니함이라"(잠언 23:7) 고 말씀한다. 마귀의 거대한 계획 중 하나는 진정으로 구원을 받은 그리스도인들의 전투력을 무력화시키는 것이다. 비록 우리가 죽어서 천국에 간다 할지라도 사탄은 이 땅에서의 우리의 삶을 무디게 하는 데서 행복을 느낄 것이다. 마귀는 우리의 생각이 잘못되도록 영향을 주어 우리를 무력화시키고 우리들의 날(日)과 달(月)을 훔친다. 불행히도 사탄은 잠재된 승리자들을 이런 식으로 무력화시킨다.

「모든 그리스도인을 위한 영적 전쟁, 딘셔만/ 이상신역」

이 글을 읽으며 사탄, 마귀의 계략에 넘어가지 않으려면 하나님과 나와의 관계를 분명히 해야겠다는 생각을 하게 되었다. 그러기 위해서는 늘 깨어 있어 말씀을 가까이하고 영의 호흡인 기도를 멈추지 않아야 할 것이다. 사탄, 마귀는 늘 호시탐탐 기회를 노리고 있음을 기억하자. "내일 하자."라는 생각을 넣어 말씀 읽는 것을 미루고, 기도하는 것을 미루고, 헌신하고 봉사하는 것을 미루고, 선행을 미루고… 이렇게 미루게 하며 우리의 시간을 **빼앗아가는** 존재임을 상기하여야 할 것이다.

우선, 영적인 세계가 있음을 알고 사탄, 마귀의 존재가 있다는 사실을 알아야 한다.

다음은 손기철 장로님께서 치유집회 중 말씀하신 내용이다.

「교회와 성도들은 마귀와 사탄에게 관심을 가지지 않고 있습니다. 그들의 궤계를 무력화시키지도 않습니다.
심지어는 우리는 마귀와 사탄을 두려워하기도 하고 있다는 것입니다.
이 땅에 쫓겨난 사탄들과 악한 영들의 존재에 대해서 잘 알지 못하고 또 어떻게 대해야 할지도 우리는 가르침을 제대로 받은 적도 없습니다.

그 대신에 "마귀는 이미 패배했기 때문에 더 이상 염려할 필요가 없다. 그들은 이빨 빠진 사자와 같다. 그리스도인에게는 아무런 영향을 미치지 못한다."라고 굳건한 믿음으로 믿고 있다는 사실입니다.

너무나 안타까운 일이죠. 반대로 하나님 나라 복음이 무엇인지, 믿는 그리스도인들이 누구인지, 그리고 무엇을 어떻게 해야 할지를 제대로 알지 못하고 있습니다.

그 결과로 마귀를 대적하기에는 역부족이라고 생각하고 우리가 마귀를 괴롭히지 않으면 마귀도 우리를 건드리지 않을 것이라는 굳건한 믿음을 갖고 있다는 사실입니다.

얼마나 안타까운지요. 진실은 무엇입니까?
사탄은 이미 패배했지만, 아직 전투가 끝난 것이 아니라는 사실입니다.
우리는 영으로서 몸의 행실을 죽일 뿐만 아니라 하나님의 통치가 우리를 통해서 나타나도록 해야 합니다.
그리고 이 땅을 다시금 우리가 다스려야 한다는 사실입니다. 아멘.
흑암의 권세들 안에 빛을 비추고 그들을 내쫓아야 한다는 사실입니다. 아멘.
우리는 이미 승리한 전쟁을 예수님께서 재림하실 때까지 그

전쟁을 치러야 한다는 것입니다.

그런데 안타깝게도 우리는 이 전투에 대해서 아는 바도 없고 배운 바도 없다는 사실입니다.

그렇기 때문에 많은 사람들이 악한 영에 눌리고, 악한 영에 영향을 받고, 어디로 갈지를 모르고 방황하고 헤매고 있습니다.」

– 손기철 장로 말씀 치유집회 중 –

이렇듯 우리는 영적 전쟁에 대해 무지한 상태에 있다. 따라서 이 책을 통해 영적인 존재인 악한 사탄, 마귀의 정체를 바로 알고 우리의 삶 속에서 일어나는 모든 영적 전쟁에서 승리하게 되길 바란다.

제1편
귀신, 사탄, 마귀의 존재

사탄의 정의

성경에서는 하나님의 영이 아닌 악한 영들을 귀신, 사탄, 마귀, 벨리알, 바알세불이라고 명하고 있다. 이들의 성경적 의미를 찾아보니 다음과 같이 정의하고 있다.

『12 너 아침의 아들 계명성이여 어찌 그리 하늘에서 떨어졌으며 너 열국을 엎은 자여 어찌 그리 땅에 찍혔는고
13 네가 네 마음에 이르기를 내가 하늘에 올라 하나님의 뭇 별 위에 내 자리를 높이리라 내가 북극 집회의 산 위에 앉으리라
14 가장 높은 구름에 올라가 지극히 높은 이와 같아지리라 하는도다
15 그러나 이제 네가 스올 곧 구덩이 맨 밑에 떨어짐을 당하리로다』(이사야 14:12-15)

계명성 그는 모든 "마귀들"(복수)의 우두머리로서 "마귀"라고

도 불리고 "사탄"이라고도 불린다. 또한, 그의 수하에는 졸개들이 수없이 많은데 그들을 "마귀들"(devils)이라고 부른다.

마귀와 그의 졸개들의 정확한 이름은 다음과 같다.

마귀=사탄. THE DEVIL=SATAN. 마귀들=devils(복수)

하나님을 대적하는 자를 사탄이라고 하고 사람을 대적하는 자를 마귀라고 명명한다고 한다.

원래 마귀는 하나님께서 창조하신 피조물 중에서 으뜸으로 창조되었다. 그런데 그는 "기름 부음 받은 덮는 그룹"이었다. 실로 대단한 위치에 있었던 존재이다.

『11 여호와의 말씀이 또 내게 임하여 이르시되
12 인자야 두로 왕을 위하여 슬픈 노래를 지어 그에게 이르기를 주 여호와의 말씀에 너는 완전한 도장이었고 지혜가 충족하며 온전히 아름다웠도다
13 네가 옛적에 하나님의 동산 에덴에 있어서 각종 보석 곧 홍보석과 황보석과 금강석과 황옥과 홍마노와 창옥과 청보석과 남보석과 홍옥과 황금으로 단장하였음이여 네가 지음을 받던 날에 너를 위하여 소고와 비파가 준비되었도다
14 너는 기름 부음을 받고 지키는 그룹임이여 내가 너를 세우매 네가 하나님의 성산에 있어서 불타는 돌들 사이에 왕래하였도다

15 네가 지음을 받던 날로부터 네 모든 길에 완전하더니 마침내 네게서 불의가 드러났도다』(에스겔 28:11-15)

그 결과 그는 교만해졌고 하나님께 반역했다가 결국은 그의 보좌로부터 쫓겨나고 이 세상을 통치하는 통치자, 곧 "이 세상의 왕"인 마귀가 된 것이다.

『16 네 무역이 많으므로 네 가운데에 강포가 가득하여 네가 범죄하였도다 너 지키는 그룹아 그러므로 내가 너를 더럽게 여겨 하나님의 산에서 쫓아냈고 불타는 돌들 사이에서 멸하였도다
17 네가 아름다우므로 마음이 교만하였으며 네가 영화로우므로 네 지혜를 더럽혔음이여 내가 너를 땅에 던져 왕들 앞에 두어 그들의 구경거리가 되게 하였도다
18 네가 죄악이 많고 무역이 불의하므로 네 모든 성소를 더럽혔음이여 내가 네 가운데에서 불을 내어 너를 사르게 하고 너를 보고 있는 모든 자 앞에서 너를 땅 위에 재가 되게 하였도다
19 만민 중에 너를 아는 자가 너로 말미암아 다 놀랄 것임이여 네가 공포의 대상이 되고 네가 영원히 다시 있지 못하리로다 하셨다 하라』(에스겔 28:16-19)

사탄의 본성

1. 사탄은 피조물이다. 사탄은 창조주가 아니다.
(에스겔 28:15, 골로새서 1:16)
"네가 지음을 받던 날로부터 네 모든 길에 완전하더니 마침내 네게서 불의가 드러났도다"(에스겔 28:15)
"만물이 그에게서 창조되되 하늘과 땅에서 보이는 것들과 보이지 않는 것들과 혹은 왕권들이나 주권들이나 통치자들이나 권세들이나 만물이 다 그로 말미암고 그를 위하여 창조되었고"(골로새서 1:16)

2. 사탄은 그룹이다. (에스겔 28:14,16)
"너는 기름 부음을 받고 지키는 그룹임이여 내가 너를 세우매 네가 하나님의 성산에 있어서 불타는 돌들 사이에 왕래하였도다"(에스겔 28:14)
"네 무역이 많으므로 네 가운데에 강포가 가득하여 네가 범죄하였도다 너 지키는 그룹아 그러므로 내가 너를 더럽게 여겨 하나님의 산에서 쫓아냈고 불타는 돌들 사이에서 멸하였도다"(에스겔 28:16)

3. 사탄은 모든 천사들 중 가장 높은 지위를 가지고 있다.
(에스겔 28:14)

그는 단순한 그룹이 아니라 기름 부음을 받은 그룹이다. 기름 부음 받았다는 것은 그룹 중 가장 높은 권위의 자리에 앉는 것을 의미한다.

4. 사탄은 다른 천사들과 같이 영적인 존재이다.
(이사야 14:12, 요한계시록 12:9)

"이것은 이상한 일이 아니니라 사탄도 자기를 광명의 천사로 가장하나니" (고린도후서 11:14)

"너 아침의 아들 계명성이여 어찌 그리 하늘에서 떨어졌으며 너 열국을 엎은 자여 어찌 그리 땅에 찍혔는고"
(이사야 14:12)

"큰 용이 내쫓기니 옛 뱀 곧 마귀라고도 하고 사탄이라고도 하며 온 천하를 꾀는 자라 그가 땅으로 내쫓기니 그의 사자들도 그와 함께 내쫓기니라" (요한계시록 12:9)

5. 사탄은 확정된 죄인이다.

[사탄의 죄는 아래 네 가지로 설명된다.]

- 야망에 찬 교만 (에스겔 28:17, 디모데전서 3:6)
  - 사탄은 하나님과 같이 되고 싶은 욕망이 있고 천국에서 실제로 반란을 주도할 의지가 있었다.

"네가 아름다우므로 마음이 교만하였으며 네가 영화로우므로 네 지혜를 더럽혔음이여 내가 너를 땅에 던져 왕들 앞에 두어 그들의 구경 거리가 되게 하였도다" (에스겔 28:17)
"새로 입교한 자도 말지니 교만하여져서 마귀를 정죄하는 그 정죄에 빠질까 함이요" (디모데전서 3:6)

- 거짓말쟁이 (요한복음 8:44)
  - 사탄은 거짓말의 아비이다. 그는 창조 역사상 최초로 거짓말을 한 존재이며 거짓말쟁이이다.

  "너희는 너희 아비 마귀에게서 났으니 너희 아비의 욕심대로 너희도 행하고자 하느니라 그는 처음부터 살인한 자요 진리가 그 속에 없으므로 진리에 서지 못하고 거짓을 말할 때마다 제 것으로 말하나니 이는 그가 거짓말쟁이요 거짓의 아비가 되었음이라" (요한복음 8:44)

- 교활함 (고린도후서 2:11, 11:3-4, 에베소서 6:11)
  - 사탄은 교활한 본성을 가지고 있다. 교활함은 삐뚤어진 본성에서 비롯된다.

  "이는 우리로 사탄에게 속지 않게 하려 함이라 우리는 그 계책을 알지 못하는 바가 아니로라" (고린도후서 2:11)
  "뱀이 그 간계로 하와를 미혹한 것 같이 너희 마음이 그리스도를 향하는 진실함과 깨끗함에서 떠나 부패할까 두려워하노라/ 만일 누가 가서 우리가 전파하지 아니한 다른 예수를 전파하거나 혹은 너희가 받지 아니한 다른 영을 받게 하거나 혹은 너희가 받지 아니한 다른 복음을 받게 할 때에는 너희가 잘 용납하는구나"

(고린도후서 11:3-4)

"마귀의 간계를 능히 대적하기 위하여 하나님의 전신 갑주를 입으라" (에베소서 6:11)

- 남을 속이는 본성 (고린도후서 11:14, 데살로니가후서 2:9-10)
  - 그의 교활함은 속임수를 낳는다. 교활함은 그의 본성을, 속이는 것은 그의 행위를 설명한다.

  "이것은 이상한 일이 아니니라 사탄도 자기를 광명의 천사로 가장하나니" (고린도후서 11:14)

  "악한 자의 나타남은 사탄의 활동을 따라 모든 능력과 표적과 거짓 기적과/ 불의의 모든 속임으로 멸망하는 자들에게 있으리니 이는 그들이 진리의 사랑을 받지 아니하여 구원함을 받지 못함이라" (데살로니가후서 2:9-10)

6. 사탄도 기적을 행할 수 있다.

(데살로니가후서 2:9, 요한계시록 13:11-15)

 - 그는 새로운 생명을 창조할 수 있을 정도로 참으로 엄청난 기적의 능력을 가지고 있다.

"내가 보매 또 다른 짐승이 땅에서 올라오니 어린 양 같이 두 뿔이 있고 용처럼 말을 하더라" (요한계시록 13:11-15)

7. 사탄은 한계가 있는 존재이다.
   (에베소서 6:10-18, 야고보서 4:7, 베드로전서 5:8-9)
   - 사탄은 피조물이기에 분명한 한계를 가진 존재이다. 사탄은 온 세상에 수 많은 귀신들을 거느리고 있다. 하나님께서 사탄이 할 수 있는 것의 범위에 제한을 두신다. 그 가장 좋은 예가 욥기 1-2장 이다. 그리고 사탄은 물리칠 수 있는 존재이다. (에베소서 6:10-18, 야고보서 4:7, 베드로전서 5:8-9) 이것 역시 사탄의 한계를 확인할 수 있게 한다.

"끝으로 너희가 주 안에서와 그 힘의 능력으로 강건하여지고/ 마귀의 간계를 능히 대적하기 위하여 하나님의 전신 갑주를 입으라/ 우리의 씨름은 혈과 육을 상대하는 것이 아니요 통치자들과 권세들과 이 어둠의 세상 주관자들과 하늘에 있는 악의 영들을 상대함이라/ 그러므로 하나님의 전신 갑주를 취하라 이는 악한 날에 너희가 능히 대적하고 모든 일을 행한 후에 서기 위함이라/ 그런즉 서서 진리로 너희 허리띠를 띠고 의의 호심경을 붙이고/ 평안의 복음이 준비한 것으로 신을 신고/ 모든 것 위에 믿음의 방패를 가지고 이로써 능히 악한 자의 모든 불화살을 소멸하고/ 구원의 투구와 성령의 검 곧 하나님의 말씀을 가지라/ 모든 기도와 간구를 하되 항상 성령 안에서 기도하고 이를 위하여 깨어 구하기를 항상 힘쓰며 여러 성도를 위하여 구하라"(에베소서 6:10-18)

"그런즉 너희는 하나님께 복종할지어다 마귀를 대적하라 그리하면 너희를 피하리라"(야고보서 4:7)
"근신하라 깨어라 너희 대적 마귀가 우는 사자 같이 두루 다니며 삼킬자를 찾나니/ 너희는 믿음을 굳건하게 하여 그를 대적하라 이는 세상에 있는 너희 형제들도 동일한 고난을 당하는 줄을 앎이라"(베드로전서 5:8-9)

사탄이 하는 일

1. 참소하는 일
    - 하나님의 보좌 앞에서 성도들을 비난하고 고발한다.
    "내가 또 들으니 하늘에 큰 음성이 있어 이르되 이제 우리 하나님의 구원과 능력과 나라와 또 그의 그리스도의 권세가 나타났으니 우리 형제들을 참소하던 자 곧 우리 하나님 앞에서 밤낮 참소하던 자가 쫓겨났고"(요한계시록 12:10)

2. 광명의 천사로 가장

- 속임수에 매우 능함

"이것은 이상한 일이 아니니라 사탄도 자기를 광명의 천사로 가장하나니"(고린도후서 11:14)

3. 시험하는 자

"시험하는 자가 예수께 나아와서 이르되 네가 만일 하나님의 아들이어든 명하여 이 돌들로 떡덩이가 되게 하라"

(마태복음 4:3)

4. 천하를 꾀는 자

"큰 용이 내쫓기니 옛 뱀 곧 마귀라고도 하고 사탄이라고도 하며 온 천하를 꾀는 자라 그가 땅으로 내쫓기니 그의 사자들도 그와 함께 내쫓기니라"(요한계시록 12:9)

5. 불순종의 아들들 가운데에서 역사하는 영

"그 때에 너희는 그 가운데서 행하여 이 세상 풍조를 따르고 공중에 권세 잡은 자를 따랐으니 곧 지금 불순종의 아들들 가운데서 역사하는 영이라"(에베소서 2:2)

6. 하나님 말씀의 진실과 정확성에 대해 성도들의 마음에 의심을 심어주는 자

- 아담과 하와에게 선악과를 따 먹게 했던 일

7. 성도들에 대한 박해를 조성하는 자

8. 교회에 침투하여 성도들과 전쟁을 벌이는 자

9. 성도들을 유혹하는 자

[유혹하는 것의 6가지 유형]

- 성도들로 하여금 거짓말을 하게 한다.
  "베드로가 이르되 아나니아야 어찌하여 사탄이 네 마음에 가득하여 네가 성령을 속이고 땅 값 얼마를 감추었느냐"
  (사도행전 5:3)

- 성적인 죄를 짓게 한다.
  "남편은 그 아내에 대한 의무를 다하고 아내도 그 남편에게 그렇게 할지라/ 아내는 자기 몸을 주장하지 못하고 오직 그 남편이 하며 남편도 그와 같이 자기 몸을 주장하지 못하고 오직 그 아내가 하나니/ 서로 분방하지 말라 다만 기도할 틈을 얻기 위하여 합의상 얼마 동안은 하되 다시 합하라 이는 너희가 절제 못함으로 말미암아 사탄이 너희를 시험하지 못하게 하려 함이라" (고린도전서 7:3-5)

- 특정한 죄의 행위를 하도록 유혹한다.
    "근신하라 깨어라 너희 대적 마귀가 우는 사자 같이 두루 다니며 삼킬 자를 찾나니" (베드로전서 5:8)

- 성도들로 하여금 이 세상의 것들로 가득 차게 한다.
    "이 세상이나 세상에 있는 것들을 사랑하지 말라 누구든지 세상을 사랑하면 아버지의 사랑이 그 안에 있지 아니하니/ 이는 세상에 있는 모든 것이 육신의 정욕과 안목의 정욕과 이생의 자랑이니 다 아버지께로부터 온 것이 아니요 세상으로부터 온 것이라/ 이 세상도, 그 정욕도 지나가되 오직 하나님의 뜻을 행하는 자는 영원히 거하느니라"
    (요한일서 2:15-17)
    "그들이 우리에게서 나갔으나 우리에게 속하지 아니하였나니 만일 우리에게 속하였더라면 우리와 함께 거하였으려니와 그들이 나간 것은 다 우리에게 속하지 아니함을 나타내려 함이니라" (요한일서 5:19)

- 영적인 분야에 자부심을 갖게 하여 사탄과 같이 교만한 죄를 짓게 한다.
    "새로 입교한 자도 말지니 교만하여져서 마귀를 정죄하는 그 정죄에 빠질까 함이요" (디모데전서 3:6)

- 성도들로 하여금 하나님의 지혜보다 사람의 지혜와 힘에 의지하게 유혹한다.

    "사탄이 일어나 이스라엘을 대적하고 다윗을 충동하여 이스라엘을 계수하게 하니라~ 다윗이 하나님께 아뢰되 내가 이 일을 행함으로 큰 죄를 범하였나이다 이제 간구하옵나니 종의 죄를 용서하여 주옵소서 내가 심히 미련하게 행하였나이다 하니라" (역대상 21:1-8)

10. 사탄은 성도들로 하여금 죄의 늪에 깊이 빠져 거기서 헤어나오지 못하게 파멸시킨다.

    "근신하라 깨어라 너희 대적 마귀가 우는 사자 같이 두루 다니며 삼킬 자를 찾나니" (베드로전서 5:8)

11. 사탄은 예수의 가르침을 왜곡시켜 거짓으로 또는 광명의 천사에 모습으로 성도들을 속인다.

    "이것은 이상한 일이 아니니라 사탄도 자기를 광명의 천사로 가장하나니" (고린도후서 11:14)

12. 사탄은 성도들로 하여금 믿음을 잃게 한다.

    "믿음과 착한 양심을 가지라 어떤 이들은 이 양심을 버렸고 그 믿음에 관하여는 파선하였느니라/ 그 가운데 후메내오와 알렉산더가 있으니 내가 사탄에게 내준 것은 그들로 훈계를 받아 신성을 모독하지 못하게 하려 함이라"

(디모데전서 1:19-20)

13. 사탄은 귀신들로 하여금 성도들을 공격한다.

"끝으로 너희가 주 안에서와 그 힘의 능력으로 강건하여지고/ 마귀의 간계를 능히 대적하기 위하여 하나님의 전신갑주를 입으라/ 우리의 씨름은 혈과 육을 상대하는 것이 아니요 통치자들과 권세들과 이 어둠의 세상 주관자들과 하늘에 있는 악한 영들을 상대함이라"(에베소서 6:10-12)

14. 사탄은 하나님의 말씀을 오용한다.

"이에 마귀가 예수를 거룩한 성으로 데려다가 성전 꼭대기에 세우고/ 이르되 네가 만일 하나님의 아들이어든 뛰어내리라 기록되었으되 "그가 너를 위하여 그의 사자들을 명하시리니 그들이 손으로 너를 받들어 발이 돌에 부딪치지 않게 하리로다" 하였느니라"(마태복음 4:5-6) (참고: 누가복음 4:8-11) "예수께서 대답하여 이르시되 주 너의 하나님을 시험하지 말라 하였느니라/ 마귀가 모든 시험을 다 한 후에 얼마 동안 떠나니라"(누가복음 4:12-13)

15. 사탄이 믿는 성도들을 대적한다.

[대적할 때 다음 네 가지의 일정한 절차를 사용한다.]

- 성도들에게 계책을 세우고 속임수를 쓴다.
"사람의 일을 사람의 속에 있는 영 외에 누가 알리요 이와 같이 하나님의 일도 하나님의 영 외에는 아무도 알지 못하느니라" (고린도전서 2:11)

- 간계를 사용한다.
"마귀의 간계를 능히 대적하기 위하여 하나님의 전신 갑주를 입으라" (에베소서 6:11)

- 덫을 놓는다.
"또한 외인에게서도 선한 증거를 얻은 자라야 할지니 비방과 마귀의 올무에 빠질까 염려하라" (디모데전서 3:7)
"그들로 깨어 마귀의 올무에서 벗어나 하나님께 사로잡힌 바 되어 그 뜻을 따르게 하실까 함이라" (디모데후서 2:26)

- 거짓 기적을 사용한다.
  - 사탄은 기적을 능히 만들 수 있으며 이 능력을 적극 이용한다.
"악한 자의 나타남은 사탄의 활동을 따라 모든 능력과 표적과 거짓 기적과" (데살로니가후서 2:9)

악한 사탄을 방어하는 방법

1. 성도의 전신 갑주
   - 하나님의 전신 갑주를 입는 것이다.(에베소서 6:10-18, 요한일서 2:14) 하나님의 전신 갑주는 곧 하나님의 말씀이다. 하나님의 말씀을 더 공부하고 외우고 묵상할수록 우리는 더 두터운 방어 기능을 얻고 무장 될수 있는 것이다. 사탄과 대립할 때 그 상황에 대하여 하나님께서 성경을 통해 주시는 말씀을 정확하게 아는 것은 우리에게 결정적인 승리를 가져다준다. 예수님 역시 광야에서 세 차례에 걸친 사탄의 유혹이 있을 때 말씀을 인용하여 모두 물리칠 수 있었다. 예수님의 전신 갑주는 바로 하나님의 말씀이었던 것이다. 오늘날 우리의 전신갑주 또한 하나님 말씀이다.

2. 성도의 능력
   - 우리에게 사탄을 저항할 수 있는 힘이 있다는 것을 인지하는 것이다.

"그런즉 너희는 하나님께 복종할지어다 마귀를 대적하라 그리하면 너희를 피하리라" (야고보서 4:7)

"너희는 믿음을 굳건하게 하여 그를 대적하라 이는 세상에 있는 너희 형제들도 동일한 고난을 당하는 줄을 앎이라"

(베드로전서 5:9)

『10 끝으로 너희가 주 안에서와 그 힘의 능력으로 강건하여지고

11 마귀의 간계를 능히 대적하기 위하여 하나님의 전신 갑주를 입으라

12 우리의 씨름은 혈과 육을 상대하는 것이 아니요 통치자들과 권세들과 이 어둠의 세상 주관자들과 하늘에 있는 악의 영들을 상대함이라

13 그러므로 하나님의 전신 갑주를 취하라 이는 악한 날에 너희가 능히 대적하고 모든 일을 행한 후에 서기 위함이라

14 그런즉 서서 진리로 너희 허리 띠를 띠고 의의 호심경을 붙이고

15 평안의 복음이 준비한 것으로 신을 신고

16 모든 것 위에 믿음의 방패를 가지고 이로써 능히 악한 자의 모든 불화살을 소멸하고

17 구원의 투구와 성령의 검 곧 하나님의 말씀을 가지라

18 모든 기도와 간구를 하되 항상 성령 안에서 기도하고 이를 위하여 깨어 구하기를 항상 힘쓰며 여러 성도를 위하여 구하라 』(에베소서 6:10-18)

가장 효과적이고 안전한 저항은 상황에 맞는 정확한 성경 구절

을 적용하여 그 말씀이 우리를 대신해서 싸우도록 해야 한다.

3. 성도의 경계
   - 경계 태세를 늦추지 않는 것이다. 우리는 사탄이 어떠한 방법과 수단으로 활동하는지를 이해하고 준비하는 것으로 경계태세를 온전히 갖추어야 한다.

"근신하라 깨어라 너희 대적 마귀가 우는 사자 같이 두루 다니며 삼킬 자를 찾나니" (베드로전서 5:8)

4. 성도들의 중재자
   - 예수님은 하나님의 우편에서 우리를 위해 간구하시는 중재자이시다. 예수님께서는 성도들을 악한 자로부터 보호하기 위해 지금도 하나님께 간구하고 변호하고 계신다. 그렇기 때문에 중재자이신 예수님께 영적 싸움을 맡겨야 하는 것이다.

"내가 비옵는 것은 그들을 세상에서 데려가시기를 위함이 아니요 다만 악에 빠지지 않게 보전하시기를 위함이니이다" (요한복음 17:15)

"누가 정죄하리요 죽으실 뿐 아니라 다시 살아나신 이는 그리

스도 예수시니 그는 하나님 우편에 계신 자요 우리를 위하여 간구하시는 자시니라" (로마서 8:34)

"그러므로 자기를 힘입어 하나님께 나아가는 자들을 온전히 구원하실 수 있으니 이는 그가 항상 살아 계셔서 그들을 위하여 간구하심이라" (히브리서 7:25)

5. 성도들의 원칙
   - 성도들은 자신의 힘과 능력이 아닌 예수 그리스도의 보혈에 능력으로 방어하고 대적하여야한다.
   - 하나님께서 우리를 가르치시고 단련시키시려는 목적으로 사용하시는 경우도 있다. 욥의 경우와 같이 하나님께서는 고통을 허용할 수 있다는 사실을 알아야 한다. 단, 모든 상황 가운데 영적으로 바로 분별할 수 있어야 한다.
   - 사탄이 전지전능하지 않다는 사실을 반드시 깨달아야 한다. 사탄 역시 그의 능력과 권세를 사용하는 데에 있어 하나님의 허락을 받아야 한다. 하나님께서는 그의 행동을 제한하신다.
   또한, 하나님께서는 절대로 사탄이 하나님의 의지 밖으로 나가서 행동하는 것을 용납하지 않으신다.

조용기목사님은 사탄, 마귀에 대해 다음과 같이 말하였다.

"하나님을 대적하는 반역자 루시퍼와 그와 함께 타락한 반역자 귀신들이 있다. 저들은 하나님께서 사랑하시는 자녀들을 공격하여 타락하게 만든다. 그 예가 에덴동산에서 아담과 하와를 타락시킨 것이다. 그 이후 사탄, 마귀는 인간을 도적질하고 죽이고 멸하는 일에 전력을 기울이고 있다.

구원받기 전에는 마귀의 지배하에 종 노릇 하였고 구원받은 후에는 마귀와 싸우며 영적 전쟁을 치르고 있다."

하나님을 믿는 하나님의 자녀들, 곧 모든 성도는 날마다, 매 순간, 순간마다 영적 전쟁을 치르고 있다. 단지 영적으로 둔감하여 알아차리지 못하거나 깨닫지 못할 뿐이다. 우리는 늘 하나님 앞에 더 가까이 다가감으로 민감하게 영적으로 깨어 있어야 한다. 악한 사탄 마귀가 우리의 삶에 침투하지 못하도록 말씀과 기도로 무장하고 항상 기뻐하고 범사에 감사함으로 찬양하며 하나님께 예배드리면서 살아야 한다. 육신의 정욕과 안목의 정욕과 이생의 자랑을 따라 사는 것이 아니라 영의 일을 생각하며 성령의 열매(사랑, 희락, 화평, 인내, 자비, 양선, 충성, 온유, 절제)를 맺어 가도록 말씀대로 순종하며 살아가야 할 것이다.

아무쪼록 이 땅에 살아가는 우리 모든 성도는 영적으로 깨어 있어 하나님의 말씀을 통해 하나님의 나라에 일을 알고, 하나님의 행하시는 일들을 보며, 하나님의 음성을 듣고 민감하게 반응

하여 순종함으로 악한 사탄 마귀와의 영적 전쟁 가운데에서 하나님을 믿는 믿음으로 늘 승리하는 삶을 살아야 할 것이다.

"근신하라 깨어라 너희 대적 마귀가 우는 사자같이 두루 다니며 삼킬 자를 찾나니 너희는 믿음을 굳게 하여 저를 대적하라 이는 세상에 있는 너희 형제들도 동일한 고난을 당하는 줄을 앎이니라" (베드로전서 5:8-9)

제2편
영적전쟁

우리는 이 세상을 살아가며 무수히 많은 사람을 만나게 되고 다양한 상황을 경험하게 된다. 그러한 가운데 직면하는 문제로 인하여 나의 죄된 모습을 보게 된다. 하나님을 믿는다고 하면서 하나님께서 원하시는 모습, 기뻐하시는 모습으로 살아가지 못하고 오히려 하나님 말씀에 반하는 모습으로 행동하고 있는 나 자신을 발견할 때가 있었음을 고백한다. 그리고는 "이게 뭐지?" "내가 왜 그랬지?" 나 자신 스스로조차 이해가 되지 않아 당황스러울 때가 있다. 영적으로 민감해지고 나서야 그러한 상황들이 「영적 전쟁」이었음을 알게 되었다.

「영적 전쟁」에 대해 모르고 신앙생활을 하고 있을 때, 그리고 최근에 영적 전쟁에 대해 알게 된 후 내 삶 가운데 일어났던 여러 가지 상황에 관한 이야기를 나누어 보려고 한다.

C.S. 루이스 저 「스크루테이프의 편지」란 책을 읽으며 '이러한

것이 영적 전쟁이구나.'를 깨닫게 되었다. 나의 영적 전쟁 경험과 「스크루테이프의 편지」가 내게 깨닫게 해 주었던 내용을 접목하여 이야기해 보려고 한다.

「스크루테이프의 편지」는 삼촌 사탄이 사랑하는 조카 웜우드에게 쓴 편지이다. 사탄이 해야 할 일들을 가르치고 있는 내용이다. 이 책에서는 하나님(예수 그리스도)을 '원수'라고 표현하고 있고 성도를 '환자'로 표현하였음을 인지하고 이 글을 읽기 바란다.

제1화 ▌▌▌ 음이 다 떨어지잖아!

아래 글귀는 C.S루이스의 저서「스크루테이프의 편지」중 사탄 삼촌이 조카 웜우드를 가르치며 하는 말이다.

"~'그리스도의 몸' 따위의 표현들과 바로 옆자리에 앉아 있는 사람의 실제 얼굴 사이에서 환자(성도)를 오락가락 헷갈리게 만들라구. 물론 옆에 앉아 있는 사람이 실제로 어떤 인물인지는 별로 중요하지 않다. 그들 중에 원수(하나님) 진영의 위대한 용사가 하나쯤 끼어 있을 수도 있겠지. 그래도 상관없다. 저 아래 계신 우리 아버지(사탄) 덕분에 네 환자는 바보천치가 되어 있거든. 찬송가 음정이 틀린다거나 신발에서 삐걱삐걱 소리가 난다거나 목살이 두 겹이라든가 옷차림이 별스런 사람이 주변에 하나만 있어도, 그들의 종교 역시 어쩐지 우스울 것 같다고 얼른 믿어버릴걸."(스크루테이프의 편지 중 p23-24)

주일날 아들을 유치부에 보내고 남편과 함께 손을 꼬옥 잡고 본당에서 주일예배를 드렸다. 말씀을 선포하기 전 하나님께 찬양으로 영광을 올려 드리는 시간! 찬양대의 찬양이 울려 퍼졌다.

클래식과 종교음악, 오페라등에 관심이 많고 음악을 좋아하는 남편이 찬양을 듣다가 "뭐야, 음이 다 떨어지잖아." "그래? 난 잘 모르겠는데…" 또 말씀을 들으면서도 간혹 다른 생각들이 들어와 남편과 소곤거리며 그에 관한 이야기를 하곤 하였다. 온전히 마음과 뜻과 정성을 다하여 영과 진리로 예배를 드려야 하는데 판단하고 다른 생각을 하고 했던 것이 사탄의 계략이라는 것을 알게 되었다.

사탄은 예배드리는 모든 성도가 예배를 제대로 드리지 못하도록 어떻게 해서든지 방해를 한다는 것이다. 온전히 하나님께만 집중하지 못하도록 마음으로 또 생각으로 들어와 예배를 훼방하고 방해하며 성도를 공격하는 것이다.

이러한 상황일 때 우리는 재빨리 사탄의 계략임을 깨닫고 마음과 생각을 지켜야 한다.

"모든 지킬만한 것 중에 더욱 네 마음을 지키라 생명의 근원이 이에서 남이니라" (잠언 4:23)

제2화 ▮▮▮ 내가 왜 이러지?

친구가 임용시험에 합격했고 학교를 배정받았다는 소식을 전해주었다. "정말 잘 되었네. 축하해." 연락을 받고 나는 나의 일처럼 너무 기뻐했다. 진심으로 축하를 해 주었다.

그런데 시간이 흐르니 자꾸 비교하는 마음이 들었다. 나는 내가 원해서 유치원 교사를 택하였고 만족하며 생활하고 있는데 친구를 만나고 헤어지면 뭔가 모를 비교되는 마음과 원치 않는 생각들이 깊은 내면에서 올라오며 자존심이 상하곤 하였었다. '내가 왜 이러지?' 이해할 수가 없었다.

영적 전쟁에 대해 알고 나니 이런 시기, 질투하는 마음, 자존감이 떨어지고 자기 자신을 못났다고 생각하게 하는 이 모든 것들이 사탄이 가져다주는 마음이란 것을 알게 되었다.
하나님을 깊이 만나고 나니 이러한 마음이 사라졌다.
하나님의 자녀로서 존재 값을 알기에, 또 각자의 사명이 있음을 알기에 현재의 모습에 감사하는 삶을 살게 된다.
"너희가 아직도 육신에 속한 자로다 너희 가운데 시기와 분쟁이 있으니 어찌 육신에 속하여 사람을 따라 행함이 아니리요"
(고린도전서 3:3)

제3화 ▐▐▐ 어떻게 저럴 수가 있지?

"저 사람은 옷을 왜 저렇게 입고 오지?" "그러게요. 하나님 앞에 나오면서 어떻게 저렇게 짧은 치마를 입을 수가 있죠?" 입방아를 찧었다. 다른 사람의 옷차림이나 행동을 보고 정죄하고 판단하는 일을 너무나 아무렇지 않게 하고 있었다.

그러던 어느 날 유튜브를 통해 미국에서 마약을 하고 술도 마시고 담배도 피우며 무대에서 노래하는 청년들의 이야기를 접하게 되었다. 그러한 삶을 살던 그 청년들이 하나님을 만나고 나서 변화된 삶을 사는 모습을 담은 동영상을 보게 된 것이다. 여전히 외모는 변하지 않은 상태였다. 찢어진 청바지에 정신 사나운 머리, 피어싱과 문신...

그러나 그들의 삶은 변해 있었다. 무대에서 내려오면 문란하게 생활하던 그들이 하나님을 만나고 나서는 공연을 마치고 난 후 밖으로 나와 길거리에서 노래를 부르고 주변에 모여든 사람들에게 하나님을 전하는 모습을 보게 되었다.
성령이 충만하여 영접 기도를 따라 하게 하고 함께 기뻐하는 모습을 보며 그동안 외모를 보고 사람을 판단하고 정죄했던 나의 모습이 부끄러워졌다.

'아, 외모는 중요치 않구나. 하나님께서도 "나 여호와는 중심을 보느니라"라고 말씀하셨지.'

다른 사람을 정죄하고 판단하는 행위 또한 악한 사탄이 넣어주는 생각이란 것을 기억해야 한다.

"~ 나의 보는 것은 사람과 같지 아니하니 사람은 외모를 보거니와 나 여호와는 중심을 보느니라" (사무엘상 16:7)

제4화 ▌▌▌ 이것 갖고 싶어

"여보 나 이번엔 보라색 가지고 싶어" 다른 물건에는 별 욕심이 없는데 반지와 목걸이에 유난히 관심이 많고 욕심이 있었던 나에게 남편은 매년 결혼기념일마다 준보석으로 내가 좋아하는 반지와 목걸이를 셋트로 선물해 주었다.

옷 색깔에 맞춰 장식하는 것을 좋아했던 나는 귀를 뚫지 않아 귀걸이는 못 하지만 목걸이와 반지는 색깔 별로 가지고 있고 싶었다. 어려서부터 내 것에 대한 욕심도 없고 주기를 좋아하는 편인데 왜 그랬는지 잘 모르겠다. 결혼하고 처음부터 그랬던 것도 아니었고 언제부터 그랬는지 기억도 나질 않는다.

하지만 가지고 있는 반지와 목걸이 셋트의 색깔을 헤아려 보니 꽤 오랜 시간 욕심을 내었고 그것이 욕심이란 생각조차 하지 못하며 살아왔음을 알게 되었다.

하나님과 멀어지면 세상의 것에 마음을 두게 된다는 것을 이제야 깨닫게 되었다. 사탄이 나의 눈을 세상으로 돌리게 한 것을, 내 마음을 주장하고 있었던 것을 눈치채지 못하고 너무나도 자연스레 받아들이고 당연하게 생각하며 살았던 나를 보게 된다.

'탐심은 우상숭배니라'란 말씀이 떠오른다. 내가 돌이켜 다시 하나님 앞에서의 삶을 살게 된 날부터는 반지와 목걸이를 쳐다보지도 않게 되었다. 하나님의 딸인 나 자신이 보물이기에 세상의 보석은 내게 아무 의미가 없게 되었다.
우리에게 있는 탐심 또한 사탄이 우리 마음에 심어놓은 것이다.

"위엣 것을 생각하고 땅엣 것을 생각지 말라 / 그러므로 땅에 있는 지체를 죽이라 곧 음란과 부정과 사욕과 악한 정욕과 탐심이니 탐심은 우상 숭배니라" (골로새서 3:2,5)

제5화 ||| 교회에 안가

교회는 다양한 사람들이 모인 곳이다. 그러다 보니 상처를 주는 사람도 있고 상처를 받는 사람도 있다. 그래서 어떤 사람들은 교회를 "죄인들이 모인 곳"이라고 말을 한다.

나는 모태신앙으로 어려서부터 신앙교육을 철저히 받고 자라서 무슨 일이 있어도 반드시 교회에 가서 예배드리는 것을 당연하게 생각하였다.
그래서 마음이 상한 일이 있다 해도 교회에 가지 않으려고 생각한 적은 한 번도 없었다.

그런데 결혼을 하고 남편과 함께 시부모님께서 출석하시는 교회를 다니게 되었는데 그곳에서 남편이 큰 상처를 입어 결국 교회를 옮기게 되었다. 그리고는 하나님 앞에 신실하던 남편이 점차 변하기 시작하였고 나는 남편이 하는 대로 따라가고 있었다. 교회에 등록도 하지 않았고 (물론 나중에라도 시부모님의 교회로 다시 갈 수도 있다는 생각에), 주중 모든 예배에 참석했던 우리가 점차 예배의 자리에 불참하기 시작하더니 결국은 주일예배만 드리게 되었다.
게다가 앞자리에서 예배를 드리는 우리에게 교회에 봉사를 권하는 분들이 계셔서 불편한 마음에 뒤로 자리를 옮기게 되었을 뿐만 아니라 "앞으로는 헌신, 봉사를 절대 하지 않을 거야."라고 다짐하는 계기가 되었다. 그렇게 말한 대로 17년 동안을 그러한 삶을 살았다.

그런데 그것이 잘못된 신앙생활이란 생각을 전혀 하지 않았다. 그저 우리 두 사람은 "평안하다, 평안하다. 하나님께서 은혜를 베풀어 주신다. 감사하다." 하면서 하루하루의 삶을 살아갔다. 남편을 해바라기하고 있는 나의 모습으로 인해 마음에 찔림이 있어 간혹 하나님께 "하나님, 죄송해요. 그래도 제가 하나님을 사랑하는 것 아시죠?" 하나님을 곁눈질하며 고백하였었다.

17년 동안을 기다려 주신 하나님께서 결국은 하나님 앞으로 돌이켜 나아 올 수밖에 없는 상황을 만드셨다.

이 글을 쓰고 있는 중 한 친구에게 연락이 왔다. 교회 지도자에게 상처를 받았다는 것이다. 이러한 상황에서도 하나님을 바라보아야 한다는 것은 알고 있으나 몇 주째 교회에 가서 예배를 드리지 않고 있다는 것이다. 그래서 「영적 전쟁」에 대해 말해 주었다.

이렇듯 사탄은 성도들을 실족하게 만든다. 성도들의 생각을 조금씩 조금씩 장악해 나아간다. 그것이 잘못된 생각, 잘못된 행동이라고 생각하지도 못하게 만들고 오히려 자신의 행동을 합리화하며 생활하도록 한다. 이것이 사탄의 계략이다.

아래 글귀는 C.S루이스의 저서 「스크루테이프의 편지」중 사탄 삼촌이 조카 웜우드를 가르치며 하는 말이다.

"너의 임무는 환자(성도)의 곁을 지키며 그가 제대로 생각하지 못하도록 방해하는 것이라는 점을 명심해야 한다."
(스크루테이프의 편지 중 p20)

따라서 우리는 매 순간 정신을 차리고 깨어 근신하여 사탄, 마귀를 대적하여야 한다.

"근신하라 깨어라 너희 대적 마귀가 우는 사자같이 두루 다니며 삼킬 자를 찾나니 / 너희는 믿음을 굳건하게 하여 그를 대적하라 이는 세상에 있는 너희 형제들도 동일한 고난을 당하는 줄을 앎이라" (베드로전서 5:8-9)

제6화 ▌▌▌ 그걸 노래라고 불렀냐?

아래 글귀는 C.S루이스의 저서 「스크루테이프의 편지」중 사탄 삼촌이 조카 웜우드를 가르치며 하는 말이다.

"~인간들이 '음악'이라고 부르는 혐오스러운 예술에 그 비슷한 것이 상당 부분 표현되고 있고, 천국에도 그 비슷한 것-천상의 경험이 리듬을 타고 의미 없이 고조되는 것으로서 우리로서는 아무 감흥도 느낄 수 없는 것-이 있다는 사실을 알 뿐이지. 여하튼 이런 류의 웃음은 우리한테 전혀 득 될 게 없으니 예외 없이 저지해야 한다." (스크루테이프의 편지 중 p77)

2013년 찬양을 할 기회가 주어졌고 그것이 음반으로 만들어졌다. 찬양 음반을 선교용으로 사용하라고 주신 기회였다. 하나님을 깊이 만나고 기도 중 하나님과 대화하며 성령 충만한 삶을 살아가고 있을 때 하나님께서 모든 상황을 인도해 주셨다.

내가 먼저 무엇을 계획하고 알아보려고 생각하지 않았음에도 하나님께서는 하나님의 방법으로 환경을 여시고 사람을 붙이시고 친히 이끌어 가 주셨다. 온전히 내 삶을 하나님께 맡기고 말씀에 순종하며 하루하루를 살아가고 있었다. 기쁨이 충만하고 너무나 행복한 하루하루였다.

드디어 7월 음반이 내 손에 들려졌다. '어떻게 이러한 일이 있을 수 있을까…' 내 머리로는 이해가 되지 않았다. 노래를 잘 부르진 못하지만 내 마음에 하나님을 찬양하고자 하는 열망이 가득했었는데 그 꿈을 이루어 주신 것이다.

찬양 CD를 오디오에 넣고 흘러나오는 찬양을 들으며 하나님께 감사 기도를 드렸다. 그런데 시간이 조금 흐르자 누군가가 내 귀에 대고 "야, 그걸 노래라고 불렀냐?" 자꾸 비난의 말을 하는 것이 아닌가! 나는 점차 위축되기 시작하였다.

그리고 내 방에서 24시간 들려오는 내가 부른 찬양을 들으며 계속 나 스스로 자신을 정죄하기 시작했다. 그리고 듣기가 싫어졌다. 부끄러웠다. "야, 그걸 노래라고 불렀냐?"는 말에 묶여버렸다.

그 실망감, 좌절감이란 이루 말을 할 수가 없었다. 그 당시엔 악한 사탄 마귀가 하는 일들에 대해 자세히 알지도 못했고 내 삶 속에서 일어나는 영적 전쟁이었음을 몰랐다.

그 시간을 보내며 결국 찬양 음반을 선교용으로 배포하지 못하고 지금까지 수백 장의 CD를 집에 가지고 있다.

이렇게 사탄 마귀는 하나님의 일을 훼방할 뿐 아니라 사람을 피폐하게 만들고 죽이고 멸망시키는 일을 한다. 그러나 하나님께서는 나를 회복시키시고 2017년 CTS 권사찬양단에 보내셔서 찬양으로 영광을 받으신다. 할렐루~야!!!

우리는 하나님의 자녀라는 것을 잊지 말고 존재의 가치를 인정하고 믿음으로 강하고 담대하게 세상을 살아가며 늘 하나님께 감사하는 자가 되어야 할 것이다.

"네가 내 눈에 보배롭고 존귀하며 내가 너를 사랑하였은즉 내가 네 대신 사람들을 내어 주며 백성들이 네 생명을 대신하리니" (이사야 43:4)

제7화 ▮▮▮ 아이, 짜증나!

　가정은 하나님께서 세우신 교회요, 천국이다. 따라서 가족은 서로 사랑하고 서로 섬기며 서로 희생과 헌신을 아낌없이 하고 서로를 격려하고 위로하는 격려자, 위로자가 되어야 한다. 그래서 가정에 들어오면 마음에 평안함이 임하고 힘과 용기를 얻으며 안식하면서 위로와 쉼을 얻는 곳이 되어야 한다. 가정은 기쁨이 넘치고 행복이 가득한 곳이어야 한다. 이것이 곧 지상천국이다.

　그러나 사탄 마귀는 가정이 지상천국이 되는 것을 원치 않는다. 그 누군가가 틈을 보일 때 그 사람에게로 들어가 문제의 원인을 만들게 한다.

　어느 날 몸이 지칠 대로 지친 상태로 퇴근을 해 집에 돌아왔다. 문을 열고 들어서니 아들이 먼저 와 있었다. 현관에서 신을 벗고 들어서자 쵸코(푸들)가 싼 똥이 배변판에 한 덩이 또 다른 한 덩이는 배변판 밖 거실 바닥에 떨어져 있는 것이 눈에 들어왔다. 그 순간 짜증이 확~~~ 올라오며 나의 목소리가 날카롭게 튀어나와 아들에게 쏘아붙였다.
　"아들, 쵸코가 똥을 쌌으면 좀 치우지. 아이 짜증나." 그렇게 말하고는 나의 모습에 내가 스스로 놀랐다.

그때 "그래? 쵸코가 똥을 쌌어? 몰랐네." 너무나 아무렇지도 않게 말하며 방에서 나오는 아들. 평소 배변판을 치우지 않는 아들에게 이날은 짜증이 났다. 하지만 더 말을 하지 않았다. 입을 다물었다. 내가 입을 벌리면 좋은 소리가 나가지 않을 것이기 때문이었다.
시간이 조금 흐른 뒤 아들을 불러 함께 이야기를 나누었다.

이 일은 영적 전쟁에 대해 알고 난 후 얼마 전에 있었던 일이었기에 영적 전쟁임을 상기하고 이 상황을 지혜롭게 넘어갈 수 있었다. 만일 짜증을 내며 내가 계속 말을 하였다면 서로의 마음에 상처를 줄 수도 있었을 것이다.

인간의 감정, 생각으로 인해 관계 속에서 일어나는 일들.
악한 영인 사탄은 사람의 생각과 감정을 이용한다. 이렇듯 매일 일상생활 속에서 영적 전쟁이 일어나는 것임을 우리는 알아야 한다.

아래 글귀는 C.S루이스의 저서 「스크루테이프의 편지」중 사탄 삼촌이 조카 웜우드를 가르치며 하는 말이다.

"~날마다 아픈데를 찔러가며 상대방의 신경을 긁어대는 돈독한 습관을 그 집안에 들여놓거라. …… 말다툼이 벌어질 때마다 각자 자기는 잘못이 없다고 굳게 확신하거나, 거기까지는 아니더라도 거의 확신에 가까운 믿음으로 등을 돌리게 될 게다.

'저녁 언제 먹느냐고 물었을 뿐인데 엄만 괜히 난리야' 하는 식으로 생각하는 상황이 어떤 것들인지 너도 잘 알고 있겠지? 일단 이런 버릇을 잘 들여놓기만 하면, 자기가 먼저 불쾌한 말을 해 놓고서도 상대가 언짢은 내색을 한다고 도리어 서운해하는 유쾌한 상황을 연출할 수 있다."

(스크루테이프의 편지 중 p28-33)

이렇게 악한 영인 사탄은 가족 간의 관계, 이웃과의 관계를 깨뜨리려 한다.

그러나 하나님은 부모를 공경하고 형제와 우애하며 이웃을 사랑하라고 말씀하신다. 심지어 원수를 사랑하고 용서하라고 하신다.

우리는 문제 상황에 직면했을 때 육의 문제가 아닌 영적인 문제임을 자각하고 말씀에 비추어 보아 어떻게 행동을 할 것인지를 결정해야 한다.

그래서 늘 깨어 근신하여 말씀과 기도로 무장해야만 하는 것이다.

우리 모두 영적 전쟁에서 승리하는 자가 되자.

이날 영적 전쟁에서 승리할 수 있게 하신 하나님께 감사를 드린다.

"우리의 씨름은 혈과 육을 상대하는 것이 아니요 통치자들과 권세들과 이 어둠의 세상 주관자들과 하늘에 있는 악의 영들을 상대함이라 / 그러므로 하나님의 전신 갑주를 취하라 이는 악한 날에 너희가 능히 대적하고 모든 일을 행한 후에 서기 위함이라" (에베소서 6:12-13)

제8화 ▮▮▮ 저한테 왜 그러세요?

아래 글귀는 C.S루이스의 저서 「스크루테이프의 편지」중 사탄 삼촌이 조카 웜우드를 가르치며 하는 말이다.

"이제야 말로 '기도'라는 괴로운 주제를 적절히 다루어야 할 때라는 생각이 들더구나. …… 최선의 방책은 진지하게 기도할 마음이 아예 생기지 않도록 막을 수 있는 데까지 막아 보는 거다. …… 잊지 말거라. 인간들은 자신이 동물이며, 따라서 육체가 하는 짓들이 반드시 영혼에 영향을 주게 되어있다는 점을 노상 잊고 산다. 그들은 악마가 자기네 마음속에 이런저런 것들을 불어넣는 모습을 그리곤 한다만, 그야말로 웃기는 일이 아닐 수 없다. 오히려 우리의 최대 과업은 그들의 마음에 이런저런 것들이 들어가지 못하도록 막는 게 아니냐. 개중 간단한 방법은 원수를 바라보고 있는 환자의 시선을 그 자신에게로 돌려 버리는 것이다.

혹시라도 이 작전이 실패하거든, 그때는 환자의 의도를 좀 더 교묘하게 오도하는 술책으로 한 걸음 물러서야 한다. 인간들이 원수 자체에게 주의를 기울이고 있는 동안에는 참패를 면할 길이 없지만, 다행히도 그런 사태를 미연에 방지할 길이 많이 있지. 개중 간단한 방법은 원수를 바라보고 있는 환자의 시선을 그 자신에게로 돌려 버리는 것이다.

  환자가 제 마음속만 줄창 들여다보면서 자신의 의지로 감정을 만들어보려고 노력하게 만들거라. 환자가 원수의 사랑을 구하려 하거든, 실제로 사랑을 구하는 대신 사랑의 감정을 저 혼자 꾸며 내려고 애를 쓰게 하는 한편, 제가 이런 짓을 하고 있다는 걸 눈치채지 못하게 하란 말이지. 용기를 구하려 하거든, 마치 용기가 불끈 솟아나는 것처럼 느끼려고 애쓰게 하고, 또 용서를 구하려 하거든 용서받은 것처럼 느끼려고 애쓰게 하거라. 제가 원하는 감정을 꾸며 내는 데 성공했느냐의 여부에 따라 기도의 성패를 평가하게 만들라구.

  사실 그런 종류의 성패란 그 순간의 몸 상태가 좋으냐 나쁘냐, 상쾌하냐 피곤하냐에 따라 달라지는 걸지도 모른다는 의심을 혹시라도 하지 않도록 잘 처리하고, 물론 그동안 원수도 놀고 있는 건 아니다. 기도의 자리에는 언제나 원수가 즉각 행동을 개시할 위험이 있지.

  저나 우리나 순전한 영적 존재로서 마땅히 지켜야 할 채통이 있는 법인데도, 그 작자는 냉소적일 정도로 여기에 무관심한 나머지 인간 동물들이 무릎을 꿇을 때 아주 창피스런 방식으로 자신에 대한 지식들을 쏟아부어 준단 말이야.

  하지만 환자(성도)의 의도를 오도하려는 첫 번째 시도가 원수

(하나님)의 저지로 실패한다 해도, 우리에겐 훨씬 더 정교한 무기가 남아 있다. 인간들은 처음부터 원수를 직접 인식할 수는 없지. 불행히도 우리는 직접 인식하고 싶지 않으려야 않을 수가 없지만 말이다. 우리네 삶에 영원한 고통의 원인을 만드는 그 소름 끼치는 광채, 칼로 찌르듯 아프고 불로 지지듯 무서운 그 불길을 인간들은 절대 모른다.

기도하는 네 환자의 마음속을 들여다보면 알겠지만, 우리가 아는 원수의 이런 모습은 눈을 씻고 찾아도 없어. 그가 마음을 모아 기도를 바치고 있는 대상을 천천히 들여다보면, 아주 웃기는 요소들이 엄청 뒤섞여 있는 합성물이 보일 게다. 일단 원수가 '성육신'이라는 망신스러운 사건을 벌이는 동안 보여주었던 모습에서 나온 이미지가 들어 있을 테고, 다른 두 위격에 관해서는 성자에 대해서보다 더 모호한-짐작건데 꽤나 미개하고 유치한-이미지가 들어 있겠지. 숭배의 감정(그리고 그에 수반되는 신체적 감각들)에서 나온 이미지들도 일부 있겠고, 환자는 주관적인 숭배의 감정을 객관화시켜서 그것을 곧 제가 경외하는 대상의 속성으로 생각해 버리거든. 나는 환자가 자기 '하나님'이라고 일컫는 존재가 어디 있는지 그 위치-침실 천장 모퉁이 좌측이나 자기 머릿속, 또는 벽에 걸린 십자가-까지 짚을 수 있었던 경우들을 알고 있다. 그 합성물의 성격이 어떻든 간에, 너는 환자가 바로 그것-자신을 만든 그 위격이 아니라 자신이 만들어 낸 그

것-에 대고 기도하도록 붙들어 매야 한다. 환자를 잘 부추겨서 자신이 만든 합성물의 내용을 끊임없이 바로잡고 향상시키는 일에 큰 의미를 부여하게 하고, 기도하는 내내 그 합성물을 눈앞에 떠올리게 할 수도 있지.

그런데 만에 하나 환자가 그 차이를 구별하게 되는 경우, 즉 '내가 생각하는 당신이 아니라 하나님 당신이 알고 계시는 당신'을 향해 의식적으로 기도의 방향을 돌리게 되는 경우가 발생할 시에는 우리는 즉시 궁지에 빠지고 만다. 환자가 자신이 가지고 있던 생각과 이미지들을 모조리 내던져버리기라도 한다면, 혹시 일부 남는다 해도 그 생각과 이미지들이 주관적인 것에 지나지 않는다는 걸 전심으로 인정하는 가운데, 눈에 보이지는 않지만, 분명히 그 방안, 자신의 곁에 실제로 존재하며 객관적으로 외재外在 하는 그 존재에게 자신을 맡겨 버리기라도 할 때에는 그 이후의 일을 장담하기가 정말 어렵다.

그런 상황-그러니까 진짜 벌거벗은 영혼으로 기도하는 상황-을 피하려고 할 때, 인간들도 사실은 자신이 생각하는 것만큼 이런 상황을 바라지 않는다는 사실을 알면 도움이 될 게다. 그런데 때로 그들이 기대하지 못했던 것을 얻는 수도 있으니, 원!" (스크루테이프의 편지 중 p34-39)

하나님께서 강권하여 새벽기도를 하게 하신 것은 2016년이었다. 눈물의 기도를 하게 하신 것은 2010년이요, 부르짖어 기도하게 하신 것은 2013년 이후로 기억이 된다.

나의 의지와 상관없이 나라와 민족을 위해 북한 동포들과 지하교회를 위해 교회와 목회자를 위해 잃은 영혼 구원을 위해 선교와 하나님의 나라 확장을 위해 목장 식구들을 위해 눈물로 부르짖으며 중보기도를 하게 하셨다.

그런데 그 시기가 내게 고통의 시간이었다. 기도하는 나에게 직접 찾아와 조용히 해 달라고 이야기하신 분도 있었고 메모지에 글을 남긴 분도 있었다. 또 인사를 해도 아무 이유 없이 인사를 받지 않고 힐끗 쳐다보거나 아예 외면하고 지나가는 분도 있었다. 정말 쫓아가 따져 묻고 싶은 마음이었다.
"도대체 저한테 왜 그러세요?"

내 의지로 기도를 하는 것이 아니었기에 마음이 너무 어려웠다. 아픈 마음을 하나님께 아뢰며 눈물로 기도를 하면 하나님께서는 "너는 그저 그들을 사랑해라."라고 말씀하신다.

내 안에서 두 가지 마음이 싸운다.
'세상 사람들처럼 억울한 마음을 풀기 위해 찾아가 따져 물을 것인가, 하나님의 말씀대로 사랑할 것인가. 기도를 계속해 나갈

것인가, 기도를 그만할 것인가.'

 그래서 난 하나님 앞에서 그저 눈물을 흘리며 울 수밖에 없었다. 그럴 때마다 하나님은 날 위로해 주셨고 내 마음에 평안함을 주셨으며 힘과 용기를 주셨다.

 하나님은 사람을 통해 역사하신다.

 그런데 사탄도 사람을 도구로 사용하여 믿는 자를 넘어뜨리는 일을 한다는 것을 기억해야 한다.

 그뿐만 아니라 어떠한 수단과 방법을 다 동원해서라도 기도를 하지 못하도록 한다.

 여러 가지 현상으로 기도를 방해하고, 낙심하거나 낙망케 하여 실족하게 하며 하나님을 의심하는 마음을 넣어주기도 하고 무엇인가에 눌리게 하며 건강을 치는 등으로 기도하지 못하도록 만든다.

 그럴 때 우리가 어떻게 대처해야 하는 가를 알아야 한다. 그 답은 성경에 다 기록되어 있다.

 "네 이웃을 네 몸과 같이 사랑하라." "쉬지 말고 기도하라" 그래서 우리는 하나님의 말씀인 성경을 읽고, 말씀을 듣고, 지켜 행하는 자가 되어야 한다. 그러할 때 영적 전쟁에서 승리할 수 있다.

"오직 너희는 원수를 사랑하고 선대하며 아무것도 바라지 말고 꾸어 주라 그리하면 너희 상이 클 것이요 또 지극히 높으신 이의 아들이 되리니 그는 은혜를 모르는 자와 악한 자에게도 인자하시니라"(누가복음 6:35)

"~항상 기도하고 낙심하지 말아야 할 것~"(누가복음 18:1)

제9화 ▮▮▮ 대체 이게 뭐지?

    2018년 하나님께서 다시 유치원으로 보내시며 네 가지 미션을 주셨다.
    그 중 첫 번째 미션이 「거룩한 도성이 되게 하라」였다. 내가 2014년 2월 하나님의 부르심에 순종하여 유치원을 떠났다가 다시 돌아왔을 때 내가 떠나고 난 후 다양한 종교를 믿는 사람들이 와서 근무를 했었다는 사실을 알게 되었다. '아! 그래서 거룩한 도성이 되게 하라 하셨구나.'를 알게 되었고 열심히 기도하며 생활을 하고 있었다.

    그런데 이해할 수 없는 일들이 계속 생겼다. 내가 떠난 이후의 사고 경위서를 보니 아이들이 다치는 일들이 그간 많이 있었다는 것을 알게 되었다. 내가 다시 온 후로도 아이가 다칠 뻔한 일, 또 큰 사고로 이어질 뻔한 아찔한 일들이 몇 차례 있었다. 그러나 하나님께서 지키시고 보호해 주심으로 문제가 생기지 않았고 그 모든 상황 가운데 함께 하셨음을, 하나님의 은혜임을 느낄 수 있어 나의 입술로 고백하지 않을 수 없었다. "모든 것이 다 하나님의 은혜입니다. 은혜 없이는 살 수가 없습니다."
    그뿐만 아니라 교직원 간의 갈등, 상식에서 벗어난 학부모의

민원문제 등 서로의 마음이 상하게 되는 어려운 일들이 자꾸 생겨 중재하고 해결하느라 무척 힘이 들었다.

한번은 이러한 일이 있었다. 근무한 지 얼마 되지 않은 어느 날 7세 남자친구가 이사를 와서 상담을 받은 후 등록을 하게 되었다. 다음 날 아이는 첫 등원을 하였고 그 후 이틀을 결석하였다. 어머니에게 전화를 걸었는데 전화통화도 되지 않았고 등록 후 3일이 되었음에도 교육비 납부를 하지 않은 상황이었다. 그래서 비상연락망에 적어 놓은 할머니에게 전화를 드렸다. 그랬더니 아이를 부산으로 데리고 갈 거라고 하시는 것이 아닌가.

확인차 어머니께 계속 몇 차례 전화를 걸었는데 여전히 어머니는 전화를 받지 않았다. 그래서 문자를 남겼다. 할머니와 통화한 내용을 기록하고 어머니와 연락이 안 되니 유치원을 다니지 않는 것으로 알고 처리를 하겠다는 내용이었다. 문자를 확인한 어머니는 나에게 전화하여 정신없이 퍼댔다. 내가 이야기를 할 틈을 주지 않았다. 그리고 나를 고소하고 자신이 잔다르크가 되어 끝까지 싸우겠다고 말하면서 나를 가만두지 않겠다며 협박을 하는 것이었다.

'도대체 이게 뭐지?' 나의 머리로 이해가 되지 않는 상황이 펼쳐지고 있었다. 나는 마음속으로 기도를 드렸다. 그때 "두려워하지 말아라. 내가 너와 함께한다. 아무것도 아닌 것 같이 될 것이다." 하나님은 내게 계속 이렇게 말씀을 해 주셨다. 마음은 말할 수 없이 평안한데 내 눈에서는 계속 눈물이 흘러내렸다. 만나서 이야기를 하고 서로 오해를 풀고 문제를 해결해야 하는데 만나지 않겠다며 계속 협박을 하는 것이 아닌가!

주일이 되어 교회에 가서 예배를 드렸다. 내 마음의 힘듦이 표정에 묻어 나왔는지 민경미목사님께서 갑자기 "요즘 어떻게 지내세요?" 하고 물었다. 나는 현재의 상황에 대해 눈물을 흘리며 있는 그대로 이야기하게 되었다. 목사님은 함께 기도하자고 하시며 내 손을 잡고 강력하게 중보기도를 해 주셨다. 여전히 마음은 평안한데 눈물은 계속 흘러내렸다.

아이의 엄마는 다음 날도 전화를 받지 않았다. 그래서 어머니가 퇴근하고 집에 오는 시간에 맞추어 집으로 찾아갔다. 벨을 눌렀으나 나오지는 않고 돌아가라, 만나지 않겠다고 인터폰으로 한참 동안 실랑이를 하였다. 나올 때까지 기다리겠다고 하고 한참을 서서 기다리니 결국 나오겠다고 하였다. 부부가 함께 나왔고 커피숍으로 가자고 하였다. 나는 편하게 대화할 수 있도록 유치원으로 가자고 제안하고 이해시켜 함께 유치원 사무실로 왔다.

그런데 대화가 되지를 않았다. 자리에 앉자마자 자신과 통화하지 않고 시어머니와 통화하고 유치원을 다니지 않는 것으로 결정한 것에 대해 불만을 품고 소리를 질렀다. 퇴근해서 집에 오면 아이의 신발이 보이지 않는 현관을 들어서는 것이, 아이가 없는 집을 들어가는 것이 얼마나 마음이 아픈 줄 아냐면서 거의 발작을 하였다.

또 문자를 받은 후 나와 통화했을 때를 이야기하며 내가 하지도 않은 말을 했다고 우기면서 통화한 내용을 녹음했다고 나를 협박하였다. 나는 그러한 말을 한 적이 없다고 이야기하고 녹음한 것을 보내달라고 했고 그 자리에서 들어 보자고 했는데 다른 말만 하였다. 남편은 꿰다놓은 보릿자루처럼 옆에 앉아 있었다. "돈이 없어서 교육비를 안 낸 줄 아냐, 남편은 의사이고 나는 ○○초등학교 교사야."라고 말하면서 남편이 매월 돈을 얼마 벌고 있다는 둥 학교 동료 교사들이 원장을 가만두면 안 된다고 했다는 둥 마구 쏟아내었다.

나는 무조건 잘못했다고 용서를 구하였다. 우선 어머니의 마음을 진정시켜야 했고 유치원에 문제가 생기면 안 되기 때문에 억울해도 참아야 했다. 나는 어머니가 왜 그동안 전화를 받지 않았는지가 궁금하여 물었다. 연수 중이었다고 답을 하였다. 아무리 연수 중이라 해도 이틀 동안 전화를 못 받았다는 것이 이해가 되지 않았다. 그래도 나는 어머니의 마음을 읽어 주고 차분히 대화를 나눈 후 아이를 잘 돌보겠으니 다시 보내라고 이야기를 하고 마음을 달래주며 또 한번 사과를 한 후 대화를 마무리하고 집으로 보냈다.

함께 대화하는 내내 나는 마음속으로 계속 기도를 드렸다. 그리고 대화하는 중 그분이 상처가 많고 아픈 가정임을 알게 되었다. 이 일이 있은 지 며칠이 지났다. 그런데 아이를 데리고 오지 않았다. 정말 이 일이 하나님께서 말씀하신 것처럼 아무것도 아닌 것처럼 되었다. 할렐루~야!!!

내가 만일 당시 일로 그들과 함께 소리 지르며 싸웠거나 억울하여 고소하거나 사람을 의지했다면 문제가 더 커지고 마음에 상처도 더 컸으리라 생각한다. 어떠한 상황에서도 하나님만을 의지하고 말씀에 순종하면 영적 전쟁에서 승리할 수 있다는 것을 알게 되었다. 영적 전쟁 앞에서 강하고 담대해야 함도 배웠다.

하나님은 "네 이웃을 네 몸과 같이 사랑하라" "원수를 사랑하라" 하셨고 "일흔 번씩 일곱 번이라도 용서하라" 하셨으니 삶 가운데 말씀대로 실천하며 생활한다면 영적 전쟁에서 반드시 이기고 승리하게 될 것이라 확신한다.

결론을 말하자면 매일 아침 출근하여 유치원 맨 꼭대기 옥상에서부터 아래층 지하까지 돌아보며 예수그리스도의 보혈을 뿌리고 기도하니 하나님께서 지키시고 보호하셔서 결국 깨끗하고 정결하게 하사 거룩한 도성이 되게 하셨고 다치는 아이도 없고 평안한 하나님의 나라, 지상천국이 되게 하셨다. 하루하루 매일 크고 작은 영적 전쟁은 있었으나 있는 동안 영적 전쟁에서 날마다 이기고 승리하게 하셨다. 할렐루~야!!!

모든 영광을 하나님께 올려 드린다.

"여호와께서 말씀하시되 오라 우리가 서로 변론하자 너희의 죄가 주홍 같을지라도 눈과 같이 희어질 것이요 진홍 같이 붉을지라도 양털 같이 희게 되리라" (이사야 1:18)

제10화 ▮▮▮ 사람을 붙이리라, 생명을 살려라

　두 번째, 세 번째 미션은 「사람을 붙이리라」, 「생명을 살려라」였다. 유치원에 근무하는 동안 사람을 붙이시고 그 영혼을 살리는 일을 하게 하셨다. 그중 한 가지 이야기를 나누려고 한다.
　어느 날 오후에 1층 화장실 창문을 향하여 비비탄 총을 쏘는 초등학생이 발견되었다. 목격한 교사의 말을 듣고 나는 밖으로 나가 화장실 창문이 있는 방향의 아파트 쪽으로 갔다. 비비탄 총을 들고 서 있는 초등학생을 발견하였다. "얘, 네 이름이 뭐니?"
　이름을 말하는데 성경에 나오는 인물의 이름이었다. "혹시, 교회에 다니니?" "네." 기분이 나쁠 정도로 비웃음의 표정으로 대답을 하였다. "난 유치원 원장선생님이야. 왜 아이들이 있는 곳 창문에 비비탄 총을 쏘았니?" "그냥요." 하며 침을 뱉었다. "선생님이랑 이야기 좀 하자." "싫어요." 팔을 잡자 벗어나려고 안간힘을 썼다. 아무 말 없이 아이를 바라보았다. 그리고 속으로 기도를 드렸다. "하나님, 제 마음을 다스려 주시고 아이의 마음도 부드럽게 해 주세요." 그러자 "알았어요. 이거 집에 두고 나올게요."

　왠지 이 아이와 이야기를 나누어야겠다는 마음이 들었다. 나는 아이를 믿고 잠시 기다렸다. 잠시 후 약속대로 나온 아이를 데리고 유치원으로 와서 이야기를 나누었다. 자신의 잘못을 절대 인정하지 않고 계속 비아냥거렸다. 그래서 부모님의 연락처를 받아 전화를 걸고는 아이와 계속 이야기를 나누었다. 대화 중 뭔가 느낌이 이상했다. 내가 아이의 이야기를 들어주고 마음을 읽어 주자 아이가 마음을 열고 그동안 자신에게 있었던 궁금했던 일을 이야기하였다. 영적인 이야기였다.

"선생님, 우리 집에 가면 커다란 돼지 저금통이 있는데 자꾸 나를 쳐다봐요. 내가 이리로 가면 눈이 나를 따라와 쳐다보고 있고 저리로 가도 눈이 나를 따라와서 쳐다봐요. 그래서 무서워요. 그리고 어떤 날은 베란다에 하얀 옷을 입은 귀신이 서서 날 쳐다보고 있어요." 나는 아이에게 "돼지 저금통이 자꾸 쳐다봐서 무서우면 버리는 것이 어때?"하고 물었다. "아, 그러면 되겠네요." 세상에는 우리가 알지 못하는 세계가 있다는 이야기를 해 주고 조심스럽게 귀신이 존재한다는 이야기를 해 주었다. 그리고 그럴 때는 무서워하지 말고 "예수 이름으로 명하노니 떠나가라"라고 말하라고 간단히 알려 주었다.

이렇게 이야기를 나누고 있는 중 아이의 누나와 아버지가 함께 사무실로 들어왔다. 인품이 좋으신 아버지는 고개를 숙여 미안하다고 사과를 하시고 내 앞에서 아이와 다짐을 하였다. 난 아이와 손가락을 걸고 어느 곳에서든지 바르게 행동하기로 약속을 하고 집으로 가기 위해 모두 자리에서 일어났다. 나는 뒤 따라

현관으로 나가며 아이에게 "혹시 원장선생님과 이야기가 하고 싶으면 언제든 와도 좋아."라고 이야기하고 헤어졌다.

그런데 다음 날 아이가 나를 찾아왔다. 나는 조금 놀랐다. 정말 우리는 친구가 되어 몇 차례의 만남을 가졌다. 그러던 중 아이의 어머니가 내게 전화를 하여 만나자고 하였다. 그래서 그 주 중 만나게 되었다. 어머니의 모습은 많이 지쳐 있었고 힘들어 보였다. 함께 저녁 식사를 하면서 이야기를 나누며 아이가 분노조절 장애가 있다는 것을 알게 되었다. 그리고 그동안 아이와 대화했던 내용도 공유하였다. 그리고 가정의 이야기도 조금 듣게 되었다. 어머니는 아이가 원장선생님이 좋다고 이야기를 했다며 앞으로 계속적 만남을 부탁하였다. 이렇게 아이와 부모님과 만남이 시작되었다.

어느 날 어머니가 퇴근하며 유치원에 오셔서 잠시 집에 함께 가자는 것이다. 나는 거의 끌려가다시피 집에 들어가게 되었다. 지난번 아이가 했던 말이 생각이 나서 들어가며 마음속으로 예수그리스도의 보혈을 뿌리고 축사를 하게 되었다. 그 날은 김치가 너무 맛있어서 드리고 싶었다며 김치를 싸 주었다.

몇 주간이 지났다. 아이의 분노조절 장애로 인하여 가정이 편안할 날이 없고 그로 인해 부부간에 갈등도 심해져 있었다. 그래서 부부를 중재하는 자리에까지 가게 되었다. 그러던 중 돌아가신 시아버지의 유품이 안방에 있고 어머니는 무서워서 그 방엘 들어가지 못한 지 오래되었다는 말을 듣게 되었다. 나는 아이의 아버지를 설득하였다. 몇 차례 이러한 만남의 시간을 통해 두 분의 말을 들어 주고 하나님의 말씀을 중심으로 내 생각을 이야기하며 중재자의 역할을 하였다.

그러던 어느 날 어머니에게서 전화가 와서 가정을 방문하게 되었다. 그런데 갑자기 예배를 드리라는 마음이 들었다. 마침 아이의 아버지도 퇴근하여 집에 도착하였다. 그래서 가족이 모두 모여 함께 예배를 드렸다. 함께 기도하는 중 하나님께서 내 입을 주장하셔서 방언으로 기도하게 하시고 축사하게 하셨으며 성령의 임재하심을 뜨겁게 체험하게 하셨다.

예배를 마친 후 아이의 아버지에게 유품을 치우는 것을 다시 한번 권하였다. 아버지는 수용하고 바로 안방으로 들어가서 유품을 들고 밖으로 나갔다. 몇 년의 시간이 지났는데 그동안 치우라고 그렇게 이야기해도 치우지 않고 그때마다 서로 자기주장을 내세워 부부 싸움만 했는데 놀랍다며 어머니는 감탄하였다. 잠시 후 아버지가 다 치웠다고 말하며 들어 왔고 내게 고맙다는 말을 하였다.

시간이 흘러 어느 날, 아이의 어머니가 다급한 목소리로 전화를 하였다. 집으로 와 달라는 것이다. 나는 급히 집으로 뛰어갔다. 아이가 분노가 조절이 안 되어 어머니를 주먹으로 때리고 피하는 어머니를 쫓아가 멱살을 잡고 방바닥에 침을 뱉어가며 온갖 난동을 부리고 있었다. 제어가 되질 않았다. 그동안 어머니의 몸에 멍이 들었던 것이 아이의 이러한 행동 때문이라는 것을 이날 알게 되었다. 난 아이를 끌어안고 말리려 했으나 막무가내였다. 그때 마침 아버지가 급히 들어와 아이를 끌어안고 아이가 좋아하는 것을 사 주겠다고 하여 진정을 시킨 후 데리고 나갔다. 이러한 일이 날마다 반복되며 가정은 편안한 날이 없다고 하였다.

아이를 위해 기도하는 중 내가 다니는 꿈의숲 교회에 데리고 가란 마음이 들어서 어머니에게 이야기하고 아이와 어머니가 함께 몇 차례 와서 예배를 드리고 최창범위임목사님께 기도도 받고 상담도 하였다. 그러던 중 캐나다에 계신 목사님이 운영하는 기관에서 아이를 교육할 수 있다는 말을 아는 분을 통해 듣게 되었고 어머니는 믿음으로 보내게 되었다.

그곳에서도 처음에는 적응이 힘들었으나 교육 방침에 모든 것을 맡기고 기도하며 기다리니 아이가 점차 좋아지는 모습을 보였고 지금은 신앙생활도 잘하고 친구들과의 관계도 좋으며 밝은 모습을 되찾았다고 한다. 목사님이 되겠다는 꿈을 품고 열심히 공부도 한다는 소식을 2021년에 듣게 되었다.

그런데 이 글을 쓰고 있는 2022년 11월 지금, 마침 어머니에게서 연락이 왔다. 아이를 보러 가족이 모두 함께 캐나다에 왔다는 것이었다. 대화하는 중 아이가 원장님 잘 계시는지 궁금해 하여서 전화를 했다는 것이다. 아이를 바꿔주어 통화하게 되었다. 목소리도 어른스러워졌고 듬직함이 느껴졌다. 목사님이 되겠다는 꿈 이야기를 들었다고 이야기하니 꿈이 바뀌었단다. 무엇이냐 물으니 요리사가 꿈이란다. 훗날 나에게 맛있는 요리를 만들어 주겠다고 한다. 너무나 감사하고 행복하다. 조만간 한국을 다녀갈 계획이라고 말하여 만나기로 하였다. 글을 쓰고 있는 이 시간에 연락이 온 것도 너무나 신기하고 놀라웠다.

하나님의 영은 생명을 살리는 영이나 악한 영은 가정을 깨뜨리려 하고 분열과 분쟁, 다투게 하며 두려움과 아픔, 상처와 질병을 주고 죽이는 영임을 확증해 준다.

하나님께서 내게 맡기신 미션 "내가 사람을 붙이리라, 생명을 살려라"를 잘 감당하게 하심에 감사드리며 모든 영광을 하나님께 올려드린다.

"살리는 것은 영이니 육은 무익하니라 내가 너희에게 이른 말은 영이요 생명이라" (요한복음 6:63)

P.S : 이 책을 교정하는 중 2023년 1월 5일 한국을 다니러 온 아이와 엄마를 만나게 되었다. 건강하고 밝고 반듯하며 씩씩하고 듬직하게, 그리고 자신감 넘치는 모습으로 성장한 아이를 바라보며 하나님께 감사드렸다. 아이는 캐나다로 간 이후 예배를 드리며 하나님을 깊이 만났다고 이야기하였다. 어떻게 만났는지 물으니 "이세상의 것은 아무 소용이 없다는 생각이 들었고 마음이 평안했어요."라고 대답하였다. 아이에게 참 평안이 임한 것이다. 하나님께서 택하신 이 아이에 앞으로의 삶이 기대된다. 어머니의 밝은 모습과 몸과 마음이 성숙해지고 자신감 있는 아이의 모습을 보며 너무나도 행복했다. 모든 영광을 하나님께 올려드린다. 할렐루~야!!!

제11화 ▌젠장!

퇴근 후 저녁 식사를 하고 후식으로 과일을 먹으며 하루의 일과를 나누고 시어머니, 아들, 그리고 나 셋이 함께 가정예배를 드렸다.

이날은 평소보다 기도가 좀 길었다. 기도드리는 중 어머님이 큰 소리로 "젠장"하는 것이 아닌가!

난 너무 놀라 기도를 멈추었고 잠시 정적이 흘렀다. 마음을 진정시키고 다시 기도를 이어갔고 급하게 마무리를 하였다.

그리고 "어머니, 기도가 좀 길다고 해서 젠장이라고 말씀하시면 어떻게 해요."

그러자 "나 아무 말도 안 했다." "어머님이 젠장이라고 하셨잖아요."

"아유 참, 내 속을 찢어 보일 수도 없고~"하시며 억울해하셨다. 이날은 이 정도로 마무리를 하였다.

며칠이 지난 어느 날 양아들로 생각하시는 집사님이 방문하였다. 컴퓨터로 작업을 해서 프린터로 출력하는 것을 부탁해 나는 거실에서 컴퓨터 작업을 하고 있었고 집사님은 어머니 방 앞 쇼파에 앉아 있었다.

어머니는 "ㅇㅇ이 빨리 가야 하는데 왜 이리 오래 걸려?" "이제 거의 다 했어요."라고 대답을 하였는데 어머님이 큰소리로 내게 욕을 하는 소리가 들렸다.

나는 거실에서 방에 계신 어머니에게 "어머니, 왜 욕을 하세요.~"

그러자 어머니 방 앞에 앉아 있던 집사님은 "어머님 아무 말씀도 안 하셨어요." 하는 것이 아닌가. 나는 분명히 들었는데…

주중 목장예배를 드린 후 나눔을 하며 어머님과 있었던 이야기를 하자 이와 같은 경험을 하였던 한 집사님이 자신이 경험했던 이야기를 하여 듣게 함으로 하나님께서 확증해 주셨다.

어느 날 계단을 청소하고 있는데 갑자기 누군가 귀에 대고 "뛰어내려"라고 이야기를 해서 놀라 주변을 둘러보았는데 아무도 없었다는 것이다.

지난번 가정예배시간에 있던 일과 두 번째 일을 경험하며 알게 하셨다. 악한 영은 사람의 입을 통해서도 일을 할 뿐만 아니라 귀에 대고 이간질하는 말을 하거나 자살 충동을 느끼도록 하게 한다는 것을 말이다.

그리고 보니 몇 년 전 이러한 일도 있었다. 우리 목장 식구가 헌금위원으로 맨 앞자리에 앉아 예배드리는 것을 보며 나는 너무나 부러웠다. 그 당시엔 헌금위원이 맨 앞자리에 앉았는데 난 헌금위원을 몇 번 하지 못하고 권사가 되어 앞자리에 앉아 예배드리는 횟수가 적었기에 부러운 마음이 있었다. 그래서 난 "집사님, 맨 앞자리에 앉아서 예배드리며 은혜받으니 좋겠네."라고 이야기를 했는데 훗날 나에게 말하기를 "집사님, 난 집사님이 앞자리에 앉아 은혜받는 게 싫어."라고 내가 말을 해 상처가 되었다는 것이다.

난 그 이야기를 듣고 깜짝 놀랐다. 아니, 경악하였다. 아무려면 하나님을 두려워하는 신앙관을 가지고 신앙생활을 하며 목장 식구를 섬기고 있는 내가 "집사님, 난 집사님이 앞자리에 앉아 은혜받는 게 싫어."라고 이야기를 했을까?…

사탄은 성도의 신앙이 자라가는 것을 막기 위해 멘토와 멘티의 관계를 깨뜨리려 한다는 것을 또 알게 되었다.

악한 영, 사탄은 우리의 오감을 다 사용하여 일하고 있는 존재라는 것을 꼭! 기억해야 한다.

이렇듯 악한 영은 사람의 혀를 주장해 악한 말을 하게 하고 그 말을 통해 서로의 마음을 상하게 하여 관계를 깨뜨리고 그로 인하여 다툼이 나고 최후 살인까지 하도록 한다는 것을 말이다.

혀의 말이 사람의 마음과 생각을 주장하여 우울의 감정과 불평과 원망의 말을 하게 하고 그 감정이 짙어져 살인과 자살로 이어지게 하는 것이다.

그래서 우리는 혀에 힘, 권세가 있다고 하신 하나님의 말씀을 기억하여 긍정의 말, 감사의 말, 좋은 말, 칭찬의 말만 하도록 해야 한다. 그렇게 함으로 생명을 살리는 자가 되어야 할 것이다.

"사람의 죽고 사는 것이 혀에 달려 있다."는 것을 명심하자.
불평, 원망, 비난 등의 말로 악한 사탄 마귀에게 혀를 내어주는 일이 없도록 해야 할 것이다.

"죽고 사는 것이 혀의 힘에 달렸나니 혀를 쓰기 좋아하는 자는 혀의 열매를 먹으리라" (잠언 18:21)

제12화 ▮▮▮ 빨리 뛰어!

목장예배를 마친 후 목원들과 교제한 후 최집사님과 단둘이 이야기를 나누게 되었다.

집 플로잉 관련 이사를 계획하였다가 무산되어 다시 집을 알아보아야 하는 상황이었다.

우리는 함께 기도를 드렸다. 기도를 마치고 하나님의 말씀을 듣기 위해 잠잠히 기다리고 있었다. "ㅇㅇ부동산으로 지금 빨리 가라" 너무나 다급하게 말씀하시는 음성이 들려왔다.

"집사님, ㅇㅇ부동산이 있어요?" 하고 물었더니 "네, 있어요." 라고 말하였다.

그래서 하나님께 다시 확증 받을 생각도 하지 않고 지금 빨리 가라고 하시니 어서 가보라고 나는 말하였고 집사님은 바로 달려갔다.

그런데 마음이 이상했다. 왜 그리 불안하고 불편한지 뭐라 말로 표현할 수가 없는 상태였다.

난 곧바로 무릎을 꿇고 다시 기도를 드렸다. "하나님 아버지, 제게 ㅇㅇ부동산을 말씀하신 것이 아버지가 맞으십니까?" "아니다."

두 번이나 더 여쭈었다. 그런데 역시 두 번 다 같은 말씀을 하셨다. "아니다."

그때 마침 집사님에게서 전화가 왔다. "지금 주인이 없고 문이 닫혀있어요."

그래서 다시 교회로 오라고 하였다. 그리고 이 상황에 관해 이야기를 나누었다.

하나님의 음성과 사탄의 음성을 분별하는 훈련이었다.

그동안 하나님께서 마음에 말씀을 주실 때와는 다르게 급하고 강하며 빠르게 재촉하였다.

게다가 마음에 평안함이 아닌 불안함과 불편함이 있었다.

이번 일을 계기로 하나님의 음성을 분별하는 영 분별의 훈련이 시작되었다.

영 분별이란 성령께서 성도에게 주시는 능력으로 하나님의 영으로 말하는 자와 악령에 사로잡힌 자를 구별하는 능력을 가리킨다.

하나님께서 말씀을 주실 때는 반드시 말씀과 기도로 확증하여야 함을 깨닫게 하셨다.

악한 영도 광명의 천사로 가장하여 믿는 자들을 미혹하고 넘어뜨리려 한다는 것을 기억하고 늘 깨어 근신하여 말씀과 기도, 성령 충만함으로 무장하여야 할 것이다.

"사랑하는 자들아 영을 다 믿지 말고 오직 영들이 하나님께

속하였나 분별하라 많은 거짓 선지자가 세상에 나왔음이라 이로써 너희가 하나님의 영을 알지니 곧 예수 그리스도께서 육체로 오신 것을 시인하는 영마다 하나님께 속한 것이요 예수를 시인하지 아니하는 영마다 하나님께 속한 것이 아니니 이것이 곧 적그리스도의 영이니라 오리라 한 말을 너희가 들었거니와 지금 벌써 세상에 있느니라" (요한일서 4:1-3)

제13화 ▌▎▏은혜를 입었으면 감사해야지

하나님께서 "사람을 붙이리라" 말씀하신 후 항상 세 사람을 삼겹줄로 묶으신다.

얼마 전 토요일 새벽예배를 마치고 세 사람이 함께 음식을 나누며 교제를 하였다.

김집사님이 하나님께서 자신에게 베풀어 주신 은혜를 간증하였다. 그러자 최집사님이 자신은 간증할 것이 없다고 하였다. 그 동안 옆에서 내가 본 최집사님이 하나님께 받은 은혜는 너무나도 컸다. 그런데 그 은혜를 전하고 증거 하기는커녕 받은 은혜에 감사할 줄도 모르고 오히려 불평하는 모습을 바라보면서 나는 너무나 안타까웠다.

아들이 졸업할 때까지 대학 등록금 전액을 면제받고 공부를 하였고 학교에서 연수비용을 전부 지원해 주어 무상으로 독일을 다녀왔음에도 감사가 없어 너무나 안타까웠다.

그래서 나는 한마디를 하였다.

"집사님, 하나님께 그렇게 큰 은혜를 입었으면 하나님께 감사하고 전하고 증거 해야지."

"그러게요. 그런데 그게 잘 안되네요." 이러한 대화가 오갔다.

며칠이 지난 어느 날 김집사님이 나에게 전화를 하였다. 통화하는 중 지난 토요일에 내가 최집사님에게 "나에게 은혜를 입었으면 감사해야지."라고 말을 하여 깜짝 놀랐다는 말을 하며 '어떻게 기도하시는 권사님이 저렇게 이야기를 하지?' 하고 생각을 했었다는 말을 하였다. 나는 깜짝 놀라 "그게 무슨 말이에요? 난 그런 말을 한 적이 없어요. 지금까지 살아오면서 "나에게 은혜를 입었으면 감사해야지."라고 말하는 것은 생각조차 해본 적이 없어요."라고 말하자 "에이~ 내가 분명히 들었는데 무슨."이라며 계속 같은 말을 반복하였다. 나는 너무나 황당하기도 하고 억울하기도 하고 나를 판단하는 모습에 마음이 너무 아프고 속상했다. 실족할뻔하였다.

한주 지나고 주일이 되어 최집사님에게 물었다. "지난 토요일에 내가 집사님에게 "나에게 은혜를 입었으면 감사해야지."라는 말을 했었나요?" "아니요."라고 대답을 하였다. 그 날 오후 예배를 드리고 집에 가는 길에 우연히 김집사님을 버스 정류장으로 가는 길목에서 만나게 되었다. 그래서 최집사님에게 확인을 했고 집사님이 잘못 들은 것이라는 이야기를 해 주었다. 그랬더니 "안 하셨으면 안 했겠지. 그렇다고 해요. 나는 분명히 들었으니까."라고 말하는 것이 아닌가. 나는 할 말을 잃었다. '도대체 이 상황은 뭐지?' 적어도 나라면 이러한 상황에선 "내가 잘못 들었었나 봐요. 미안해요."라고 말을 했을 것 같은데 말이다.

결국에 나는 하나님 앞에서 울 수밖에 없었다. "너는 그저 사랑해라. 용서해라." 또 말씀하신다.

이 일을 통해 악한 영은 관계를 깨뜨리려고 대화 가운데 오해를 하게 만들고 판단하고 정죄하게 한다는 것을 또한 알게 되었다.

그래서 사람은 사랑의 대상이고 믿음의 대상은 오직 하나님 한 분뿐임을 확신케 하셨다.

이러한 상황이 생긴다면 우리는 그 사람을 미워하거나 그로 인해 관계에 문제가 생기게 해서는 안 될 것이다. 그 배후에 악한 영, 사탄이 조장하는 일임을 반드시 기억해야 할 것이다. 절대 실족하거나 믿음을 떠나서도 안 된다.

따라서 우리 성도는 하나님 말씀대로 사랑의 힘으로 이겨야 할 것이다. 하나님께서 억울함도 풀어주시고 모든 것이 합력하여 선을 이루게 하심을 믿어야 한다.

승리하게 하시는 하나님께 감사와 찬송과 영광을 올려드린다. 할렐루~야!!!

"예수께서 제자들에게 이르시되 실족하게 하는 것이 없을 수는 없으나 그렇게 하게 하는 자에게는 화로다 그가 이 작은 자중의 하나를 실족하게 할진대 차라리 연자맷돌이 그 목에 매여 바다에 던져지는 것이 나으리라" (누가복음 17:1-2)

제14화 ▮▮▮ 난 지금 너무 피곤해.

아래 글귀들은 C.S루이스의 저서 「스크루테이프의 편지」중 사탄 삼촌이 조카 웜우드를 가르치며 하는 말이다.

"최선의 방책은 진지하게 기도할 마음이 아예 생기지 않도록 막을 수 있는 데까지 막아 보는 거다."

"개중 간단한 방법은 원수(하나님)를 바라보고 있는 환자(성도)의 시선을 그 자신에게로 돌려버리는 것이다."

"기도의 자리에는 언제나 원수(하나님)가 즉각 행동을 개시할 위험이 있지. 저나 우리나 순전한 영적 존재로서 마땅히 지켜야 할 체통이 있는 법인데도, 그 작자는 냉소적일 정도로 여기에 무관심한 나머지 인간 동물들이 무릎을 꿇을 때 아주 창피스런 방식으로 자신에 대한 지식들을 쏟아 부어준단 말이야"

"인간들은 처음부터 원수(하나님)를 직접 인식할 수는 없지. 불행히도 우리는 직접 인식하고 싶지 않으려야 않을 수가 없지만 말이다. 우리네 삶에 영원한 고통의 원인을 만드는 그 소름끼치는 광채, 칼로 찌르듯 아프고 불로 지지듯 무서운 그 불길들을 인간들은 절대 모른다."

"환자(성도)가 자신이 가지고 있던 생각과 이미지들을 모조리 버리기라도 한다면, 혹시 일부 남는다 해도 그 생각과 이미지들이 주관적인 것에 지나지 않는다는 걸 전심으로 인정하는 가운데, 눈에 보이지는 않지만 분명히 그 방안, 자신의 곁에 실제로 존재하며 객관적으로 외재外在하는 그 존재에게 자신을 맡겨 버리기라도 할 때에는 그 이후의 일을 장담하기가 어렵다."
(스크루테이프의 편지 중 p34-39)

악한 영인 사탄은 수단과 방법을 가리지 않고 성도들이 하나님을 알지도 못하고, 가까이 하지도 못 하도록, 무엇보다 기도하지 못하도록 방해를 한다. 핑계할 거리를 만들거나 잠을 재우거나 기도가 필요치 않다는 생각을 넣어주거나 실망하고 실족하게 만드는 등 어떻게든 기도를 하지 못하도록 한다.

2014년 2월 하나님의 부르심에 순종하여 유치원을 내려놓고 여러 가지 영적 훈련과 함께 '내 삶의 간증'을 쓰게 되었다. 그리고 그 기간 중 매년 유치원에서는 임용할 것을 부탁해왔다. 그러나 기도를 드리면 "뒤돌아보지 마라" 말씀하셔서 다시 유치원으로 갈 수 없음을 생각하고 마음을 다 비우게 되었다.

그런데 2018년 4월 새벽에 기도드리는 중 "유치원에서 연락이 올 것이다. 가라." 하셔서 너무 놀랐다. 정말 연락이 왔다. 하나님께서는 네 가지 미션을 주시고 2018년 5월에 유치원으로 다시 보내셨다. 4년간 맡기신 사명을 성실히 잘 감당하였고 22년 5월이면 만 4년의 기간이 되기에 다음 행보 "새 일을 행하리라." 하심을 놓고 기도를 드리는데 "아직 때가 되지 않았다. 인내해라." 하셔서 계속 묻는 중이었다.

그러던 중 2022년 5월~6월 약 2개월 동안 기도를 제대로 하지 못하는 경험을 하였다. 기도를 드리다가 갑자기 나의 머리에 어떤 생각이 들어오고 그 생각이 꼬리에 꼬리를 물고 가면서 그로 인해 기도하지 못하게 되고 결국 스르르 잠이 들어 버리곤 했다. 자꾸 생각에 묶이게 되는 것이다.

이번 경우는 이러했다. '난 지금 너무 피곤해. 몸과 마음이 다 힘들어. 조금만 누워서 있었으면 좋겠다. 지금은 기도할 수 없어.' 스스로 최면을 거는 듯 몸이 옆으로 기울어지면서 의자에 눕곤 하였다. '내가 왜 이러지?'

이렇게 졸며 자며 기도를 드리지 못하고 있을 때 하나님께서 6월 마지막 주에 타 교회 집사님을 영적 친구로 붙여주셨고 기도를 회복할 수 있도록 계기를 만들어 주셨다. 하나님의 섭리는 알 수도 없고 이해할 수도 없으며 늘 놀랍고 신기하기만 하다. 그렇게 해서 7월부터 다시 정신을 차리고 깨어 부르짖어 기도할 수 있도록 성령 하나님께서 도우셨다. 기도로 준비시키시고 결국 7월 29일 하나님께서는 "떠나라." 새로운 소명을 주셨다.

그에 순종하여 9월까지 근무하고 다시 유치원을 떠나게 되었다. 그래서 2022년 올해 초 명령하신「영적 전쟁」글을 10월부터 쓸 수 있게 된 것이다.

우리로 기도하지 못하게 함으로 하나님과 멀어지게 하고 믿음에서 떨어지게 하는 것은 찰나, 순간이다.

그러므로 우리는 정신을 차리고 깨어 근신하여 기도하고 말씀을 가까이하여 상고하며 암송함으로 우리를 공격하는 악한 사탄, 마귀를 대적하여야 할 것이다. 그리고 영적으로도 민감하여야 한다.

다시 한번 모든 성도가 간절하게 부르짖는 기도로 영적 각성이 일어나고 영적 부흥의 역사를 보게 되길 간절히 소망한다.

"너는 내게 부르짖으라 내가 네게 응답하겠고 네가 알지 못하는 크고 은밀한 일을 네게 보이리라" (예레미야 33:3)

제15화 ▮▮▮ 하나님 왜요...

아래 글귀는 C.S루이스의 저서 「스크루테이프의 편지」중 한 대목으로 사탄 삼촌이 조카 웜우드를 가르치는 말이다.

"순간적인 흥분에 넋이 빠져, 믿음을 갈아엎고 미덕의 싹을 잘라버리는 네 본분을 잊어선 안돼. …… 전쟁이나 전염병 따위에 무너지는 믿음이라면 애당초 무너뜨리려고 수고할 가치조차 없다.…… 난 지금 전쟁처럼 오랜 기간에 걸쳐 확산되는 고난에 대해 말하고 있는게야. 물론 공포라든지 사별처럼 육체적 고통을 당할 때는 이성이 일시적으로 마비된 상태를 틈타 바로 그 순간에 인간을 잡아챌 수도 있지. 그러나 나의 오랜 경험에 비추어 볼 때, 설사 그런 경우라 하더라도 인간이 원수(하나님)의 본부에 구원을 요청하기만 하면 그의 요새는 거의 언제나 보호받게 되어 있다." (스크루테이프의 편지 중 p40-45)

이 글에서는 영적 전쟁 중 하나인 「고난」에 대해 말하고 있다.
악한 영 사탄은 우리가 살아가는 동안 만나게 되는 다양한 수많은 문제, 고난과 역경, 가난과 질병 등으로 인해 하나님을 떠나게 하고 자신의 하수인으로 잡아 채 간다.

"원수(하나님) 편에 속한 일당(성도)들은 고난이 이른바 '구원'에 꼭 필요한 부분이라는 사실을 원수(하나님)에게 똑똑히 들어 알고 있거든." (스크루테이프의 편지 중 p44)

그래서 우리는 어떠한 고난이 오더라고 하나님을 신뢰하고 믿음으로 약속의 말씀을 붙잡고 소망 가운데 사는 자가 되어야 한다.

나에게도 고난의 시간이 있었다. 하나님께서 내 기도에 응답하사 좋은 믿음의 형제를 배필로 예비해 주셨고 결혼을 하게 되었는데 그 순간부터 하나님보다 남편을 더 사랑하게 되었다. 하나님께서 돌이키길 오랜 시간 기다리셨음에도 우리는 17년을 아랑곳하지 않고 살았다.

질병으로 사랑하는 남편을 하나님 나라로 보내고 나서야 다시 하나님을 온전히 바라보게 되었다. 그래도 사랑하는 남편이 내 옆에 없어 눈물이 마르지 않았다. 그러는 중에도 '하나님의 뜻이 있겠지.' 생각을 하고 내 마음을 다스렸으나 한 달도 채 되지 않아 "하나님 왜요… 왜 데려가셨어요…" 하염없이 눈물을 흘렸다. 모태 신앙에 체험신앙인으로서 하나님의 계획과 섭리, 예정하심을 믿고 있기에 또 욥의 고난과 수많은 성경 속 인물들이 겪은 고난을 알고 있기에, 하나님을 부인할 수 없고 원망할 수 없었다. 그저 하나님 아버지만 바라보고 의지하며 하나님 앞으로 더 가까이 나아가 기도를 할 수밖에 없었다.

고난 가운데 기도드리는 중 하나님을 더 깊이 만날 수 있었다.

만일 내가 고난 가운데 있을 때 하나님을 원망하고 불평하며 지냈다면 악한 사탄이 기뻐하는 자가 되었을 것이다.

주신이도 하나님이시고 가져가시는 이도 오직 하나님이심을 고백하고 하나님의 주권을 인정함으로 가장 힘든 고난의 시간을 이겨낼 수 있었다.

그 또한 하나님의 은혜였다.

우리 모든 성도는 어떠한 시련과 고난과 역경이 올지라도 하나님을 신뢰하고 의지하며 믿음에서 떠나지 말아야 한다. 또한, 하나님의 뜻에 순종하여야 한다. 그러면 반드시 하나님께서 도우시고 승리케 하신다. 우리는 그 사실을 믿어야 한다.

"네가 환자(성도)를 자세히 관찰했다면, 그의 삶을 이루고 있는 모든 부분에 이러한 기복이 있다는 걸 알아챘을 게다. …… 원수(하나님)가 특히 아끼는 인간들은 그 누구보다 길고도 깊은 골짜기를 통과해야 했다. …… 원수는 피조물들이 제 힘으로 서게 내버려 둔다. 흥미는 다 사라지고 의무만 남았을 때에도 의지의 힘으로 감당해 낼수 있게 하겠다는 속셈이지. 인간은 꼭대기에 있을 때 보다 이렇게 골짜기에 처 박혀 있을 때 오히려 그 작자가 원하는 종류의 피조물로 자라가는 게야. 그러니 이렇게 메

마른 상태에서 올리는 기도야 말로 원수를 가장 기쁘게 할 수 밖에. …… 그러니 웜우드 속지말거라. 인간이 원수의 뜻을 따르고 싶은 갈망을 잃었더라도 그렇게 하겠다는 의도를 여전히 가지고 있다면, 세상을 아무리 둘러보아도 원수의 흔적조차 찾을 수 없는 것 같고 왜 그가 자기를 버렸는지 계속 의문이 생기는데도 여전히 순종한다면, 그때보다 더 우리의 대의가 위협 받을 때는 없다. 물론 골짜기가 우리 편에 제공해 주는 기회도 있긴 하지. 다음 주에는 그런 기회들을 이용해 먹을 수 있는 힌트를 몇 가지 주도록 하마." (스크루테이프의 편지 중 p58-63)

"다만 이뿐 아니라 우리가 환난 중에도 즐거워하나니 이는 환난은 인내를, 인내는 연단을, 연단은 소망을 이루는 줄 앎이로다" (로마서 5:3-4)

"너희 중에 고난 당하는 자가 있느냐 그는 기도할 것이요 즐거워하는 자가 있느냐 그는 찬송할지니라" (야고보서 5:13)

제16화 ▍▍ 통장의 잔고를 봐

아래 글귀는 C.S루이스의 저서「스크루테이프의 편지」중 한 대목으로 사탄 삼촌이 조카 웜우드를 가르치는 말이다.

"우리야 환자(성도)의 앞날이 불확실할수록 좋지. 서로 충돌하는 미래의 모습들이 마음을 온통 채운 채 희망이나 두려움을 번갈아 가며 불러일으킬 테니까. 원수(하나님)가 인간의 마음에 접근하지 못하도록 바리케이드를 치기에 불안과 걱정만큼 효과적인 게 없다. 원수는 인간들이 현재 하는 일에 신경을 쓰기 바라지만, 우리(사탄) 임무는 장차 일어날 일을 끊임없이 생각하게 하는 것이지.

물론 네 환자도 인내하며 원수의 뜻에 복종해야 한다는 가르침은 주워 들었을 게다. 원수가 의미하는 바는 뭐니뭐니해도 실제로 자신에게 주어진 시련-현재의 걱정과 불안-을 인내로써 받아들이라는 것이다.

"뜻이 이루어지이다"라는 건 바로 이 부분에서 그렇게 해 달라는 기도이고, "일용할 양식을 주옵시고"라는 것도 바로 이것을 매일 감당하기 위한 기도지.

따라서 네 임무는 환자가 현재의 두려움이야말로 자신에게 주어진 십자가라는 생각을 절대 못하게 하는 한편, 오로지 자신이 두려워하고 있는 미래의 일들에만 줄창 매달려 있도록 조처하는 거다. 아직 일어나지 않은 그 일들이야말로 제 십자가라고 믿게 만들거라." (스크루테이프의 편지 중 p46-47)

2013년 8월 전교인 수련회에 참석하여 예배시간에 말씀을 듣는 중 하나님의 부르심이 있어 부르심에 순종하여 2014년 2월 아이들을 졸업시키고 유치원을 퇴직하였다. 남편을 하나님 나라로 보내고 나의 생계였음에도 너무나 분명한 콜링, 부르심에 유치원을 내려놓을 수밖에 없었다.
순종하였더니 교회에서 처음 계획한 성지순례에 함께 갈 수 있도록 예비해 주셨고 그 이후 매년 교회에서 준비한 비젼트립에도 함께 다녀올 수 있도록 환경을 열어주셨다.

그 당시 하나님께서 사학연금을 찾지 못하게 막으셨다. 그래서 퇴직수당만 찾게 되었다. 그때는 이해하지 못했었는데 2018년에 유치원으로 다시 보내시기 위함이었다는 것을 나중에야 알게 되었다.

어쨌든 그 당시엔 그동안 저금했던 것을 곶감 빼먹듯 사용하였다. 그러다 보니 2016년쯤 통장의 잔고가 얼마 남지 않게 되었다.

 기도드릴 때마다 하나님께서는 "두려워 말라. 내가 너와 함께 한다. 아무것도 염려하지 말아라." 하시며 내 삶을 책임져 주신다고 말씀하여 주시는데 어느 순간 갑자기 불안함과 두려움이 엄습했다. 그리고는 "통장의 잔고를 봐. 넌 이제 아무것도 할 수 없어" 하는 소리가 들렸다. 나도 모르게 마음이 위축되었다.

 기도를 드리면 너무나 평안한데 기도를 마치고 나면 앞으로의 삶에 대한 걱정, 염려, 두려운 마음이 내 안에서 스멀스멀 올라왔다.
 계속 끊임없이 나의 마음과 생각에 두려운 마음과 근심, 걱정, 염려를 넣어주는 무엇인가가 있었다.

 물질이 있을 때도 나는 하나님의 자녀이고 물질이 없어도 여전히 나는 하나님의 자녀인데 왜 두려운 마음이 올라오는 걸까?
 어떠한 순간에도 하나님을 아버지로 믿고 신뢰한다면 상황과 환경에 따라 일희일비해서는 안 되는데 말이다.
 머리로, 지식으로는 알고 있으나 마음은 여전히 평안함과 불안, 두려움이 널을 뛰었다.

 그러나 나의 믿음이 없는 모습에도 불구하고 하나님께서는 나의 필요를 채우시기 위해 사람을 붙여주셨고 환경을 열어주셨다. 내가 자유롭게 일정을 계획하여 일 할 수 있는 좋은 조건으로 근무할 수 있도록 해 주셨다. 그래서 하나님의 일도 마음껏 할 수 있었고 여행도 다녀올 수 있었으며 글도 쓸 수 있었다.

그 시간을 통해 살아계신 하나님, 능히 하지 못함이 없으신 하나님을 경험하게 하시고 그로 인하여 더 큰 믿음을 주셨다.
두려워하는 마음과 염려, 근심과 걱정은 불 신앙이요, 믿음 없음이라 하셨다.

2018년, 다시 유치원을 보내셨던 첫 번째 이유는 네 가지 미션을 주시고 영적 전쟁과 함께 생명을 살리는 사명을 감당하라는 것이었다. 두 번째 이유는 유치원을 떠나 있는 동안 강권하여 쓰게 하신 내 삶의 간증을 책으로 출판하기 위한 재정마련 때문이었다.
그래서 유치원에 다시 가게 하신 기간 동안 두 권의 책이 출판되었다. 할렐루~야!!!

하나님은 항상 한 가지 일만 하게 하시지 않는다. 한 가지의 일을 통해 여러 가지의 일을 감당하게 하신다.

이렇게 나 보다 나를 더 잘 아시는 세밀하신 하나님이 우리 모두의 아버지이시다.

  그러니 염려와 불안과 두려움은 악한 영, 사탄이 주는 마음이란 것을 잊지 말고 오직 하나님 아버지를 신뢰하는 우리가 되자.

"하나님이 우리에게 주신 것은 두려워하는 마음이 아니요 오직 능력과 사랑과 절제하는 마음이니" (디모데후서 1:7)

"사랑 안에 두려움이 없고 온전한 사랑이 두려움을 내쫓나니 두려움에는 형벌이 있음이라 두려워 하는 자는 사랑 안에서 온전히 이루지 못하였느니라" (요한일서 4:18)

"여호와는 나의 빛이요 나의 구원이시니 내가 누구를 두려워하리요 여호와는 내 생명의 능력이시니 내가 누구를 무서워하리요" (시편 27:1)

"두려워 말라 내가 너와 함께 함이니라 놀라지 말라 나는 네 하나님이 됨이니라 내가 너를 굳세게 하리라 참으로 너를 도와주리라 참으로 나의 의로운 오른손으로 너를 붙들리라"
(이사야 41:10)

제17화 ▌▌▌ 종교는 지나치지 않아야 좋은 것?

내가 어렸을 적에 교회에서 본 어른이나 어린이들은 하나님을 믿는 믿음에 열정이 있었다. 교회에서 눈물로 부르짖어 기도하는 사람들이 거의 다였다고 말해도 과언이 아니다. 어려서부터 어린이 예배뿐 아니라 부모님과 함께 어른 예배도 드렸던 나로서는 그 가운데에서 배운 대로 하나님을 열망하고 갈망하였다. 대학생 시기에는 주말마다 삼각산 기도원에 올라 뜨겁게 찬양하고 뜨겁게 기도하며 하나님의 말씀으로 충만해져서 내려왔다. 그러니 하나님을 더욱 사랑하지 않을 수가 없었다.

그런데 그 시절과 현재를 비교해 보면 너무나 다르다.
그저 한주 세상에서 살다가 주일에 한 번 예배를 드리기 위해 교회에 오는 성도, 열심히 봉사와 헌신은 하나 하나님 앞에 예배드리는 것은 뒷전이고 나의 의를 나타내기 위해 교회에 오는 성도, 정말 하나님 앞에 있기 위해 예배에 목숨을 걸고 부르짖어 기도하는 성도, 이도 아니고 저도 아닌 썬데이 크리스천이면서 열심히 신앙생활을 하는 그리스도인을 비난하고 비방하는 성도.

물론 열정적으로 신앙생활을 해 왔던 나 역시 결혼 후 교회에서 받은 상처로 인해 17년 동안을 썬데이 크리스천으로 살았다.

그 당시 이것이 영적 전쟁인 줄 알았다면 악한 사탄의 계략에 넘어가지 않았을 것이다.

아무튼 교회 안에 다양한 사람들이 모이다 보니 그 안에는 분쟁과 분열, 파당이 생기게 되고 상처받고 교회를 떠나고 신앙을 버리는 사람도 늘어가고 있다.

또 세상이 발전하고 학문이 너무 발달함에 따라 신앙, 믿음을 갖기 더 어려운 시대를 살아가고 있다.

우리는 이 가운데 악한 영(사탄)이 일하고 있음을 알아야 한다.

아래 글귀는 C.S루이스의 저서 「스크루테이프의 편지」중 한 대목으로 사탄 삼촌이 조카 웜우드를 가르치는 말이다.

"나한테는 한가지 위대한 소망이 있다. 언젠가 적당한 때가 되면 과학을 감상적으로 만들고 신화화함으로써, 원수(하나님)를 믿으려는 인간의 마음이 미처 열리기 전에 사실상 우리에 대한 믿음(물론 우리 이름을 노골적으로 내세우지는 않겠지만)을 슬금슬금 밀어 넣는 법을 터득할 날이 오고야 말리라는 소망이지. '생명력(Life Force)' 이라든가 성(性) 숭배 풍조, 정신분석의 몇몇 부분은 이 점에서 유용하게 써먹을 만하다. 언젠가 우리가 '유물론자 마술사'라는 완전무결한 작품을 만들어 낼 그 날이 오면, 즉 '영'의 존재는 거부하되 자기가 막연히 '힘(Forces)이라고 부르는 것을 직접 활용까지는 못하더라도 사실상 숭배하는 사람을 탄생시키는 그 날이 오면, 그때 비로소 우리는 이 기나긴 전쟁의 끝을 보게 될 게다. 그 전까지는 명령에 따라야지."

"우리로서는 교회가 작을수록 좋을 수밖에, 물론 원수를 알게 되는 인간이 적다는 점에서도 좋지만, 설사 원수를 알게 된 인간들이라 해도 비밀결사 내지는 파벌 특유의 불편한 긴장과 방어적인 독선에 쉽게 빠져 주니 얼마나 좋으냐. 물론 교회는 원수의 강력한 보호를 받고 있어서, 교회 그 자체에 파당의 특성들을 전부 부여하는 데 성공한 예는 아직까지 한 번도 없었다. 그러나 교회 안에 있는 파당에 대해서라면, 멀리는 고린도 교회에 있던 바울파와 아볼로파부터 가까이는 영국 성공회의 고교회파와 저교회파에 이르기까지 흡족한 결과들을 많이 얻었지."

"네가 경계해야 할 것은 환자가 현세의 일들을 원수에게 순종할 기회로 삼게 되는 것이다. 어떻게 해서든 세상을 목적으로 만들고 믿음을 수단으로 만드는 데 성공한다면 환자를 다 잡은거나 마찬가지지. 세속적 명분이야 어떤 걸 추구하든 상관없다. 집회, 팜플렛, 강령, 운동, 대의명분, 개혁운동 따위를 기도나 성레나 사랑보다 중요시하는 인간은 우리 밥이나 다름없어. '종교적'이 되면 될수록(이런 조건에서는) 더 그렇지. 이 아래에는 그런 인간들이 우리 한가득 득실거리는 판이니 원한다면 언제든지 보여주마." (스크루테이프의 편지 중 p52-57)

우리는 종교인이 아닌 하나님 마음에 합한 자, 하나님이 찾으시는 그 한 사람이 되어야 할 것이다.
나와 여러분은 오직 믿음! 오직 예수! 의 삶을 사는 참된 그리스도인이 되길 간절히 소망하며 영성이 회복되길 기도드린다.

"환자에게 만사에 중용을 지키라고 말해 주거라. '종교는 지나치지 않아야 좋은 것'이라고 믿게만 해 놓으면, 그의 영혼에 대해서는 마음 푹 놓아도 좋아. 중용을 지키는 종교란 우리한테 무교(無敎)나 마찬가지니까. 아니, 무교보다 훨씬 더 즐겁지."
(스크루테이프의 편지 중 p68)

이렇듯 악한 영 사탄은 성도가 온전히 하나님을 신뢰하고 믿지 못하게 할 뿐 아니라 그러한 성도를 "광신"으로 생각하도록 인간의 생각을 지배한다는 것을 상기해야 한다.

우리는 과연 누구를 기쁘게 하는 성도가 되어야 할까?

"육체의 일은 분명하니 곧 음행과 더러운 것과 호색과 우상숭배와 주술과 원수 맺는 것과 분쟁과 시기와 분냄과 당 짓는 것과 분열함과 이단과 투기와 술 취함과 방탕함과 또 그와 같은 것들이라 전에 너희에게 경계한 것 같이 경계하노니 이런 일을 하는 자들은 하나님의 나라를 유업으로 받지 못할 것이요 오직 성령의 열매는 사랑과 희락과 화평과 오래 참음과 자비와 양선과 충성과 온유와 절제니 이같은 것을 금지할 법이 없느니라" (갈라디아서 5:19-23)

제18화 ▌▐ 용돈이 얼마?

영상이나 TV를 보지 않는 나에게 며칠 전 아들이 휴대폰을 들고 와 내 눈앞에다 들이대었다. TV 프로그램 중 '무엇이든 물어보살'이라는 프로그램이었다. 자신의 문제를 점치는 도사에게 가지고 와서 이야기하고 문제를 해결 받고자 하는 프로그램이었는데 자꾸 보라고 하며 내 눈앞에 들이밀어 어쩔 수 없이 저녁 식사를 하면서 함께 보게 되었다.

항상 뭔가 보아야 할 이유가 있을 때, 하나님께서는 아들을 통해 일하신다. 이날도 그랬다.

17살 여고생으로 기억이 된다. 3명의 여학생이 나와서 이야기를 하는데 모두 외모만 보아서는 족히 대학생처럼 보였다.

두 친구가 한 친구를 걱정해서 그 친구의 문제점을 알리고 도사의 의견을 듣고 문제를 해결하고자 함이었다.

그 날 가지고 나온 문제는 한 친구의 용돈 사용에 관한 것이었다. 씀씀이가 너무 크다는 것이다.

그 친구의 한 달 용돈을 물으니 기본 하루 3만 원이고 부모님께 더 달라고 요청하기만 하면 더 준다는 것이었다. 그래서 월 200~300만 원을 사용한다는 것이다. 그 친구와 함께 온 친구의 한 달 용돈의 금액을 물으니 각각 50만원 정도라고 한다.

씀씀이가 큰 친구에게 도사가 용돈을 주로 어떻게 사용하느냐고 물었다. 그랬더니 친구들과 맛있는 음식을 사 먹는다고 말하였다. 옆에 있던 친구가 "항상 친구들에게 음식을 사 주는데 부담을 느낄 만큼 비싼 음식들을 사 주어요."라고 하였다. 그래서 도사가 왜 그렇게 하냐고 물으니 친구들이 자신을 떠날지도 모른다는 불안한 마음 때문이라고 하였다. 또 남자친구의 생일 선물로 노트북을 해주었고(지금은 헤어졌다고 함), 주말이면 강남에 있는 카페에서 친구들과 함께 음료도 마시고 놀기도 한다는 것이다. 고등학생의 일상생활 이야기를 들으며 나는 많이 놀랐다.

삶을 살아감에 있어 물질, 재물은 꼭 필요하다. 더구나 물질문명이 극에 달한 오늘날 돈은 더욱 필요하다. 하지만 그 물질, 돈을 어떻게 사용할 것인가는 정말 더욱더 중요하다는 생각을 하게 된다. 돈을 사용하는 목적과 방법에 따라 돈의 가치가 달라지기 때문이다.

세상을 주관하는 악의 영(사탄)은 돈이면 무엇이든 다 된다고 하는 물질만능주의를 부추기고 사람들의 마음과 생각을 혼미케 하여 가치판단을 흐리게 하고 사리사욕을 채우기에 급급하게 만든다.

성경 속 인물인 사도바울은 부에도 처할 줄 알고 빈에도 처할 줄 아는 마음, 그리고 있는 것에 족한 줄로 여기는 자족하는 마음을 가졌다고 스스로 말하고 있다. 이러한 삶을 살기란 결단코 쉽지 않은 세상을 우리는 살고 있다.

   내가 가지지 않은 것을 가지고 있는 사람들을 부러워하고, 가지지 못함을 한탄하며, 자신의 삶을 비관하고 자신의 목숨을 파리 목숨만큼도 여기지 않는 사람들이 얼마나 많은가!

   또 가진 자들은 가지지 못한 자들을 업신여기고 오히려 가지지 못한 자들의 것마저 착취하려는 모습을 보게 된다. 그리고 가진 것에 만족하지 못하고 더 가지려고 하는 욕심으로 인해 패망의 길로 가는 자들이 또 얼마나 많은가!

   돈은 선도 아니고 악도 아니다. 우리가 사용하는 목적에 따라 선이 될 수도 있고 악이 될 수도 있다는 말씀을 들은 기억이 난다. 우리가 물질의 노예가 되는 것이 아니라 물질의 주인이 되어 잘 다스려 사용함으로 죄를 짓지 않고 선한 영향력을 끼쳐야 할 것이다.

   세상을 살아가는데 물질 이상 친구도 또한 정말 중요하다.

   예로부터 "친구를 보면 그 사람을 안다."란 말을 했다. 지금도 유유상종, 끼리끼리란 말을 하기도 한다. 그만큼 친구가 인생에 미치는 영향은 지대하다고 하겠다.

신앙생활을 함에도 믿음의 친구가 중요하다. 영적 상태에 따라 친구의 무리가 지어진다고 한다. 그 가운데에서도 악한 영, 사탄은 인간에게 친구가 필요하고 중요하다는 점을 이용하여 많은 일을 한다. 그러하기에 우리는 항상 정신을 차리고 영적으로 깨어 있어 기도하고 말씀을 가까이하며 읽고, 듣고, 지켜 행함으로 악한 영, 사탄, 마귀를 대적해야 함을 기억해야 한다.

예수님을 가장 좋은 친구로 삼는 우리 모두가 되길 간절히 기도드린다.

아래 글귀는 C.S루이스의 저서 「스크루테이프의 편지」중 한 대목으로 사탄 삼촌이 조카 웜우드를 가르치는 말이다.

"환자(성도)의 사무실에 들렀던 그 중년 부부야말로 우리가 소개하고 싶은 종류의 인간들이다. 부유하고 똑똑하며 겉으로만 지성적인데다가 세상 만사에 영리한 의심을 품는 사람들 말이지. 심지어 막연한 평화주의자라는 정보도 입수했다. 그것도 도덕적 근거 때문이 아니라, 대중과 관계있는 것이라면 무엇이든지 하찮게 여기는 뿌리 깊은 습관과 유행에 불과한 문학적 공산주의의 위세 때문에 평화주의자가 된 사람들이라니 정말 잘된 일이지 뭐냐.

너도 환자의 사회적, 성적, 지적 허영을 아주 잘 이용했던 모양이더구나. …… 환자 자신은 자기가 그들과 한편이 되고 싶어 한다는 걸 명확히 깨닫지 못하고 있으니 만큼, 너는 이런 무의식적인 생각이 무심코 드러 날 수 있도록 특별히 부추겨야 한다. 자기가 이런 생각을 하고 있었다는걸 선명하게 깨달을 때 쯤이면 이미 돌이키기 어려운 상황이 되어 있도록 말이야. …… 수치심이니 자존심이니 예절이니 허영같은 것들만 잘 건드린다면 식은 죽 먹기처럼 쉬운 일이야.

　…… 현대의 기독교 서적 중에는 물신(物神)을 다룬 것들은 많은 반면(솔직히 내가 바라는 수준을 넘을 정도로 많지), 세속적 허영이라든가 친구를 선택하는 일, 시간의 중요성 따위에 대해서는 예전처럼 경고하는 책이 거의 없어. …… 허영심만 잘 이용하면 어려울게 없다. ……

　반면 존경스러운 친구들과 함께 커피를 마실 때에는 음담패설과 신성모독적인 이야기를 즐기게 하는거다. …… 마지막으로 이런 방법들이 죄다 실패했을 시에는 양심의 소리를 무시한 채 새로 사귄 친구들과 교제를 계속해 나가도록 설득해야 한다. …… 환자의 씀씀이도 헤퍼지고 직장이나 어머니한테도 소홀해지게 만들 수 있는 확실한 대책을 마련해 두어야 한다. 어머니한테는 질투심과 불안을 일으키고 환자는 그런 어머니를 점점 더

피하면서 무례하게 굴게 만든다면 그 집안의 긴장을 고조시키는 데 더할 나위 없이 좋은 기회가 되겠지."

(스크루테이프의 편지 중 p70-75)

이렇듯 사탄은 사람의 생각과 마음을 교묘하게 이용해 무너뜨리고 문란한 생활을 하게 만들며 관계도 깨뜨리고 절제, 순결, 건전한 생활과 멀어지도록 하는 것이다. 우리는 생명 주시고, 길 되시며, 참 진리이신 예수그리스도 안에서 성결하고 정결하고 거룩한 삶을 살아야 할 것이다.

"~주는 것이 받는 것 보다 복이 있다 하심을 기억하여야 할지니라"(사도행전 20:35)

"돈을 사랑함이 일만 악의 뿌리가 되나니 이것을 탐내는 자들은 미혹을 받아 믿음에서 떠나 많은 근심으로써 자기를 찔렀도다"(디모데전서 6:10)

"지혜로운 자와 동행하면 지혜를 얻고 미련한 자와 사귀면 해를 받느니라"(잠언 13:20)

제19화 ▮▮▮ 멀어지게 해.

아래 글귀는 C.S루이스의 저서 「스크루테이프의 편지」중 한 대목으로 사탄 삼촌이 조카 웜우드를 가르치는 말이다.

"확실히 넌 탁월한 진보를 보이고 있다. 단 한 가지, 네가 너무 다그치는 바람에 환자(성도)가 제 진짜 위치를 깨닫게 될까봐 걱정이구나. 너하고 나는 환자의 위치를 정확히 파악하고 있으니, 이점을 십분 활용하여 환자에게는 이와 전혀 다른 위치를 보여주어야 한다는 걸 절대 잊지 말거라. 알다시피 우리가 진로를 틀어 놓은 덕분에 환자는 이미 원수(하나님)의 궤도에서 이탈하고 있는 중이다.…… 속도가 느리긴 하지만 여하튼 자신이 지금 태양으로부터 등을 돌려 차갑고 어두운 공간의 끝으로 가고 있다는 생각을 절대 허용해서는 안돼. ……

환자가 여전히 교회에 드나들며 성찬에 참여한다는 말을 내가 반기다시피 한 이유가 여기 있다. …… 환자가 겉으로나마 그리스도인의 습관을 유지하고 있다면, '새 친구를 몇몇 사귀고 새 여흥거리를 몇몇 찾았을 뿐이지, 6주 전과 비교할 때 내 영적 상태가 크게 달라진 건 아니야.'라는 생각을 불어넣어 줄 수 있단다. 그리고 그렇게 믿고 있는 한, 환자가 자기 죄를 분명하고도 충분하게 인정하고 숨김없이 회개하게 될까 봐 전전긍긍할 필요가 없지. 우린 그저 '근래 들어 뭔가 잘못하고 있는 것 같아.'라는 불편하지만 막연한 감정만 요리하면 된다.

그런데 이렇게 모호한 불편함을 다룰 때는 세심한 주의가 필요해.

불편함을 너무 심화시키면 환자가 정신을 차리게 되어 게임이 끝나 버리고, 그렇다고 불편한 마음을 완전히 억눌러 버리면 – 물론 원수(하나님)가 그렇게 내버려 두지도 않겠지만– 우리에게 유리한 상황 요인 하나를 놓치는 셈이니까.

석연치 않은 감정을 가슴 한구석에 남겨놓되 환자가 불편함을 감당치 못하고 마침내 「진정한 회개」로 나아가는 지경을 피할 때, 우리는 아주 귀중한 경향을 하나 만들어 낼 수 있다. 원수에 대해 생각하는 걸 점점 더 꺼리게 되는 경향 말이지. 모든 인간은 거의 항상 그런 식의 거리낌을 가지고 있는 법이야. 그런데 평소에는 절반쯤 느끼고 있던 죄의식의 막연한 구름이 원수를 생각할 때마다 한층 더 뭉게뭉게 피어올라 눈 앞을 가린다면, 원수를 거리끼는 마음이 열 배는 더 심 해지겠지. 재정적 위기에 처한 사람이 통장만 봐도 진절머리치듯이, 원수를 생각나게 하는 거라면 무조건 증오하게 된다 이 말씀이야.

일단 이런 상태에 빠지고 나면 교회는 꼬박꼬박 나가도 종교적 의무들은 점점 더 싫어하게 될게다. ……

이런 상태가 좀더 확고하게 자리잡으면, 쾌락을 유혹의 미끼로 제공하는 지루한 일에서 점차 해방 될 수 있다. 불편함 그 자체, 또 불편함을 꺼리는 마음 때문에 진짜 행복에서 멀어지면 멀어질수록, 또한 허영심과 흥분과 경박함이 아예 습관이 되는 바람에 쾌락이 점점 시시해 지고 있는데도 그것을 포기하기는 점점 더 어려워질수록(어떤 쾌락이든 습관이 될 때 시시해진다는 건 참 다행한 일이다.), 네가 어떤 걸 제공해도, 아니 심지어 아무것도 제공해 주지 않아도 환자의 산만한 관심을 끌기에 충분하다는 걸 알게 될게다.

이쯤 되면 기도나 일이나 수면을 방해하기 위해 환자가 좋아하는 책을 던져 줄 필요가 없다. 전날 저녁 신문에 나온 광고 한 줄로도 충분하지. 시간을 낭비시키기 위해 그가 좋아하는 사람들과 즐겨 나누는 대화에만 의존할 필요도 없어. 평소에 신경조차 쓰지 않던 사람들과 따분한 주제로 떠들게 하면 되거든. 또 오래도록 아무 일도 못 하게 할 수도 있지. …… 그렇게 되면 내가 언젠가 맡았던 환자가 이곳 지옥에 도착했을 때처럼 네 환자도 이렇게 말하게 될걸. "이제 보니 나는 해야 할 일도 하나 못하고 좋아하는 일도 하나 못한 채 인생의 대부분을 보내 버렸구나."

그리스도인들은 원수(하나님)를 놓고 그분 없이는 아무것도 강하지 않다고 했다. 인간이란 그만큼 혼미해지기 쉬운 약한 족속들이야. 하지만 명심하거라. 중요한 것은 네가 환자를 원수에게서 얼마나 멀리 떼어놓느냐 하는 것 한 가지뿐이다. 아무리 사소한 죄라도 그것이 쌓여 인간을 '빛'으로부터 '아무것도 아닌 것'으로 조금씩 조금씩 끌어올 수 있으면 그만이야.

만약 도박으로 그런 효과를 낼 수 있다면 살인을 유도하는 것보다 못할 게 없다.

사실 가장 안전한 지옥행 길은 한 걸음 한 걸음 가게 되어 있다. 그것은 경사도 완만하고 걷기도 쉬운데다가, 갈랫길도, 이정표도, 표지판도 없는 길이지." (스크루테이프의 편지 중 p82-87)

그렇다. 악한 영, 사탄의 가장 큰 목적은 우리 성도들을 하나님으로부터 떼어놓는 것, 멀어지게 하는 것이다. 하나님과의 친밀함을 가지지 못 하도록 하고 기도를 방해하며 가치 있는 일에 전념하지 못하게 시간을 허비하게 하는 일을 한다.

금 번 2019년 말에서 2023년 현재 코로나를 경험하며 하나님 앞으로 나와 예배를 드리지 못하게 함으로 하나님과 멀어지도록 하고 친밀함을 방해하는 악한 영, 사탄의 계략을 더욱 절실히 깨닫게 되었다.

나의 경우 1993년 결혼 1년 후 교회에서 받은 상처로 인해 조금씩 조금씩 하나님으로부터 멀어져 가고 종교적 의무는 점점 더 싫어하며 지낸 세월이 17년이었다. 예전처럼 하나님 앞에 온전히 있지 못함에 불편한 마음이 있었지만 그러면서도 '평안하다, 평안하다, 우리에게 복 주신다.'라고 안일하게 생각하며 하나님과 멀어져만 갔다. 그러나 하나님께서는 끝까지 참아주시고 기다려 주시고 한결같은 사랑으로 불러주셨다. 그래서 진정한 회개를 할 수 있었고 초심으로 돌아가 다시금 하나님과의 관계를 회복하고 이전보다 더 친밀한 관계에까지 도달하게 되었다. 모든 것이 하나님의 은혜이다.

  또한, 사탄은 성도가 일상생활 속에서 죄를 짓도록 유도한다. 쾌락적이고 감각적인 일들에 쉽게 빠지게 유혹한다. 육신의 정욕, 안목의 정욕, 이생의 자랑 등의 죄를 범하게 하고 돌이켜 하나님 앞으로 다시 나아가지 못하도록 훼방하는 존재가 악의 영, 사탄이다. 성도가 진정한 회개를 함으로 하나님께 죄를 용서받고 하나님의 사랑 안에 거하게 되는 것을 그들은 두려워한다.
  그러니 우리가 아무리 큰 죄를 지었다 할지라도 하나님 아버지 앞으로 나아가자. 하나님은 변치 않으시는 사랑으로 우리를 끝까지 기다려 주신다. 돌이켜 진정한 회개를 하고 하나님께로 돌아오기만 하면 된다. 성경 속 인물, 탕자의 비유를 생각해 보라. 아버지를 떠났던 아들이 탕진하여 거지가 되어 돌아왔어도 아버지는 그 아들을 기쁘게 맞아 주시고 안아주시며 깨끗이 씻겨 좋은 옷으로 입히시고 그 아들이 돌아온 것으로 인해 기뻐하며 큰 잔치를 베풀어 주셨다. 그것이 바로 하나님 아버지의 마음인 것이다.

"환자(성도)가 죄를 회개하고 저쪽에서 '은혜'라고 부르는 걸 회복한 규모가 정말 네 말대로라면, 이건 일급에 해당하는 참패야" (스크루테이프의 편지 중 p88)

우리 인간은 너무나도 연약한 존재이다. 하나님 없이는 아무것도 할 수 없는 존재이다. 창조주이신 하나님께서 우리의 모든 것을 아시고 우리의 연약함을 도우신다. 오직 하나님 안에 있을 때 우리의 약함이 강함이 되는 것이다.

인간은 연약함으로 인해 죄의 길로 행하고 죄를 지을 수밖에 없는 존재이다. 그러니 그때마다 단순히 돌이킴이 아닌 진정으로 하나님 앞에 엎드려 회개함으로 죄 용서함을 받아야 한다. 그리고 하나님께서 주시는 자유를 누려야 한다. 죄 용서함은 받으나 지은 죄가 없어지는 것은 아니다. 따라서 우리는 하나님의 말씀을 기준으로 삼고 죄를 짓지 않도록 해야 한다. 그러기 위해서는 영적 군사가 되어야 한다. 정신을 차리고 깨어 있어야 한다. 빛과 어둠을 분별할 수 있어야 한다. 하나님께 기도로 지혜를 구하고 말씀을 듣고, 읽고, 지켜 행하는 자가 되어야 한다.

그래서 삶 가운데 일어나는 영적 전쟁에서 날마다 이기고 승리하는 자가 되어야 한다.

"좁은 문으로 들어가라 멸망으로 인도하는 문은 크고 그 길이 넓어 그리로 들어가는 자가 많고 생명으로 인도하는 문은 좁고 길이 협착하여 찾는 자가 적음이라" (마태복음 7:13-14)

제20화 ▌나는 음식을 사랑해

2022년 올해 이근욱목사님께서 청년부 예배 중 7중 죄악에 대한 설교를 시리즈로 하셨다.
교만, 시기, 분노, 나태, 탐욕, 탐식, 정욕이 7중 죄악이었다.

말씀을 들으며 살아온 지난날의 삶을 뒤 돌아보며 모든 덕목에 있어 마음에 찔림이 있었다.
특히, 탐식 부분에서 빵 터지고 말았다. 탐식도 죄라니…

음식을 너무나 사랑하는 나.
간혹 못 먹는 음식 즉, 가리는 음식, 비호감의 음식도 물론 있지만 대체로 잘 먹는 편이다. 그러고 보니 태어나 우량아 대회도 나갔었단다. 아기 때부터도 잘 먹었었나 보다.

음식에 관련하여 나의 특징은

첫째, 과일을 좋아한다는 것이다. 밥은 안 먹을 수 있어도 과일은 꼭 먹어야 할 정도로 좋아한다. 그래서 어렸을 적에 과수원 집으로 시집을 보내야겠다는 말을 듣기도 하였다.

둘째, 음식을 남기지 못한다는 것이다. 내 음식은 당연히 남기지 않지만, 누군가와 함께 음식을 먹을 때에도 남기는 것을 보지 못한다.

어려서부터 식사 후 상에 조금씩 남은 음식이 있으면 그것을 대접에 다 모아 담고 고추장과 참기름을 넣어 싹싹~밥을 비벼 먹곤 하였다. 그래서인지 지금도 비빔밥을 좋아한다.

몇 해 전 위내시경을 하는데 의사 선생님께서 "위대하십니다."라고 하셨다. 나는 무슨 말인지 이해가 되지 않아 "네?" 하고 반문하였다. 그랬더니 위가 다른 사람보다 크고 건강하다며 웃으셨다. 아마도 어려서부터 남은 음식들을 다 먹어서 위가 커졌나 보다.

맛집을 찾아다니면서까지 음식을 먹지는 않지만, 우연히 가서 먹게 되었는데 맛이 있으면 다른 사람에게 소개도 하고, 또 함께 가서 먹기도 한다.

아무튼, 나에겐 먹는 즐거움이 너무나도 크다. 스트레스를 받으면 맛있는 음식을 먹으며 풀 정도이니 말이다.

그런데 나보다 더 탐식이 있는 쵸코(푸들)가 우리 집에 있다.
무엇이든 먹으려 한다.
밥을 먹고도 먹는 것만 보면 앞에 와서 마주 앉아 음식만 쳐다

보고 있다. 안쓰러워 입에 넣어주면 먹고 또 달란다. 그래도 자리를 떠나지 않아 멍멍이 간식을 주면 그것을 먹고 다시 와서 또 달라고 한다.

언젠가 그러한 쵸코의 모습을 보면서 내 모습을 보게 되었다.

어느 날, 이런 생각이 들었다.
"나는 왜 배가 고프지 않아도 눈앞에 음식이 있으면 그것에 손이 가는 걸까? 왜 자꾸 입으로 가져다 넣는 걸까?…"

그런데 참 신기한 것은 하나님께서 금식을 명하시고 기도하게 하실 땐 그 어떤 음식이 눈앞에 있어도 먹고 싶은 마음이 들지 않는다는 것이다. 그래서 나는 살아계신 하나님을 금식을 통해 보게 된다. 할 수 없는 자로 하여금 하게 하시는 하나님!

몸과 마음이 힘이 들어서 그랬는지 올해 초반에 특히 음식을 많이 먹으려고 하였다.
그러던 중 7중 죄악에 대한 말씀을 듣게 되었고 그 중 '탐식'이 죄라는 사실을 알게 된 것이다.

'탐식'에 대한 말씀을 들으며 놀란 사실은 탐식이 죄의 문을 여는 행위라는 것이다.
성경 말씀을 통해 음식에 대한 탐욕이 얼마나 큰 죄를 짓게 했는지 생각하는 계기가 되었다.

아담과 하와가 선악과를 따서 먹어 죄를 지었던 것, 또 에서가 팥죽 한 그릇을 탐내어 장자 권을 소홀히 여겨 야곱에게 내어 준 죄, 이스라엘 백성이 출애굽 한 후 광야 생활을 하는 중 고기를 구워 먹고 지내던 애굽에서의 생활을 그리워하며 하나님을 원망한 죄, 노아가 술을 마시고 취하여 수치를 당한 죄 등.

먹는 행위와 영적인 세계가 밀접하게 연결되어있다는 것을 알게 되었다.

음식은 인간의 생존에 기본적인 욕구이다. 그러나 음식에 대한 탐닉이 깊어지다 보면 죄에 통로를 열어주는 일들이 생긴다는 것이다.

급하게 먹는 폭식, 남보다 더 먹기 위해 개걸스럽게 먹는 탐식, 지나치게 많이 먹는 과식, 까탈스럽게 먹는 음식, 사치스럽게 먹는 음식이 탐식의 종류라고 한다.

인간은 생존하기 위해 먹는 것을 넘어 음식을 통하여 쾌락을 느끼고 만족을 하기 위해 먹는 것이다. 그래서 날마다 무엇을 먹을까, 무엇을 마실까를 생각하게 된다. 탐식으로 인해 죄를 범하지 않기 위해서는 탐식을 물리쳐야 한다.

탐식을 물리치는 방법은

첫째, 감사이다. 음식을 앞에 놓고 먹기 전에 감사 기도를 드려야 한다.

둘째, 금식이다. 금식은 "나는 탐식의 사람이 아닙니다." 하는 것이라고 한다. 하나님께 집중하며 금식할 때 내 안에 에너지가 빠져나가며 나 자신의 연약함을 깨닫고 온전히 하나님을 바라보게 된다는 것이다. 그래서 거룩해지는 것이라고 한다.

셋째, 신령한 양식을 사모하는 것이다. 즉, 입으로 들어가는 것이 아니라 마음으로 들어가는 생명의 말씀을 사모하는 자가 되어야 한다.

다시 말하면 주어진 음식에 감사하고 신령한 음식을 사모하며 때로는 금식으로 육체를 길들임으로 죄로부터 자유 해지고 하나님이 임재하는 참된 신앙이 되도록 해야 한다는 것이다.

아래 글귀는 C.S루이스의 저서 「스크루테이프의 편지」중 한 대목으로 사탄 삼촌이 조카 웜우드를 가르치는 말이다.

"지난번 편지에서 탐식을 인간의 영혼을 낚는 수단으로 탐탁지 않게 여겼던데, 그건 오로지 네가 무식한 탓이야. 지난 100년간 우리가 이룬 가장 위대한 성과는 바로 이 주제에 관해 인간의 양심을 완전히 마비시켰다는 거라구. 이제는 유럽 전체를 위아래로 아무리 훑어보아도 탐식에 대해 설교 한다거나 탐식 때문에 가책을 느끼는 경우를 찾아보기 힘들지. 이게 다 많이 먹는데 욕심을 부리기보다는 맛있는 걸 찾아 먹는데 욕심을 부리도록 총력을 집중한 결과다. ……

하지만 인간의 위장과 입맛을 이용해서 까탈스럽고 참을성 없고 무자비하고 이기적으로 만들 수만 있다면 양이야 얼마를 먹든 무슨 상관이냐? …… 이 노인네는 자기가 원하는 게 이미 차려진 음식들보다 양도 적고 값도 싸다는 이유 때문에, 다른 사람을 번거롭게 하면서까지 원하는 걸 먹으려는 결심이야말로 탐식이라는 사실을 전혀 알아채지 못하고 있다. 그래서 제 입맛을 만족시키고 있는 그 순간에도 스스로 절제를 실천하고 있다고 굳게 믿는다구. ……

"어머나, 이건 많아도 너무 많군요! 도로 가져가서 반의 반만 담아다 주세요!" 혹시 누가 한마디라도 하면 쓸데없는 음식 낭비를 막느라 그런다고 대꾸하겠지. 사실은 우리가 노인네한테 옭아매 놓은 특별한 미식 취향이 어쩌다 원하는 양보다 많이 담긴 음식 때문에 거슬린 탓인데도 말이야. …… 이렇게 날마다 실망하다 보면 짜증도 날마다 느는 법이다. ……

물론 실제로는 이 노인네의 탐욕이야말로 최근 몇 년간 집안에 끊임없이 불화를 일으킨 주된 이유 가운데 하나였지. …… 다른 전선에서도 물론 최선을 다해 똑바로 일해야겠지만, 탐식이라는 영역에 간간이 침투하는 것도 게을리하지는 말아라. 환자는 남자다 보니 '그저 내가 원하는 건'이라는 위장술에 걸려들 가능성이 별로 없다.

하지만 남자들의 경우에는 허영심의 도움을 받아 탐식가로 만드는 길이 있지. 스스로 음식에 관한 한 일가견이 있다고 믿게 하고, 스테이크를 '제대로' 만드는 유일한 식당을 발견했다고 으스대게 만들거라. 처음엔 허영심으로 시작했다 해도 결국에는 습관으로 굳어지는 법이다. 어떻게 접근하든지 간에 중요한 점은 제가 좋아하는 어떤 것-샴페인이든 홍차든 생선요리든 담배든 아무거나-이 주어지지 않았을 때 '짜증을 부리게' 해야 한다는 거야. 그러면 그의 자비도, 정의도, 순종도 모조리 네 손안에 들어올 게다." (스쿠루테이프의 편지 중 p112-117)

이렇듯 악한 영, 사탄은 음식을 탐하는 탐식의 마음으로 시작하여 까탈스럽고 참을성 없고 무자비하고 이기적으로 만들고 신경이 거슬린 상태로 만들어 짜증을 내게도 하며 그로 인해 불화를 일으키기도 하는 것이다. 또 허영심을 넣고 그것이 습관이 되게도 한다는 사실이다. 그뿐이겠는가! "그의 자비도, 정의도, 순종도 모조리 네(사탄) 손안에 들어올 게다."라고 말하고 있다. 그러니 우리는 항상 깨어 있어야 한다. 하나님께 지혜를 구하여 매 순간 바로 분별함으로 날마다 영적 전쟁에서 이겨야 한다.

"진실로 진실로 너희에게 이르노니 믿는 자는 영생을 가졌나니 내가 곧 생명의 떡이니라 너희 조상들은 광야에서 만나를 먹었어도 죽었거니와 이는 하늘에서 내려오는 떡이니 사람으로 하여금 먹고 죽지 아니하게 하는 것이니라 나는 하늘에서 내려온 살아있는 떡이니 사람이 이 떡을 먹으면 영생하리라 내가 줄 떡은 곧 세상의 생명을 위한 내 살이니라 하시니라"

(요한복음 6:47-51)

제21화 ■■■ 하나님의 임재 안에 머무는 삶

하나님께 택함을 받은 성도는 하나님 안에서 진정한 회개를 함으로 거듭날 수가 있게 되고 하나님의 '은혜' 안에서 살게 된다.

우리 인간은 하나님의 창조물로서 하나님께서 주신 '은혜의 선물'을 모두 가지고 있다. 그런데 악한 영인 사탄은 성도들이 하나님께 받은 달란트, 재능, 은사들을 제대로 사용하지 못하게 방해한다. 그래서 죽을 때까지 자신이 하나님께 받은 재능을 발휘하지 못하는 경우가 너무나도 많은 것이다.

창조주 하나님을 나의 아빠 아버지로 믿고,

하나님의 독생 아들인 예수님이 십자가에 못 박혀 죽음으로 나의 모든 죄와 허물을 모두 용서하여 주셨고 부활, 승천하셔서 나의 구원자가 되심을 믿으며,

자신의 모든 것 즉, 자아와 아집과 고집을 다 내려놓고 오직 하나님을 의지하고 하나님께 모든 것을 맡기고 하나님께만 붙어 있어 기도하며 하나님의 뜻을 알아 순종하며 나아갈 때 성령 하나님의 전적인 보호하심을 받고 인도하심을 받게 되는 것이다.

삼위일체 하나님이 사용하시는 가장 무지막지한 무기인 구름에 둘러싸여 악한 영, 사탄 마귀가 일체 접근 하지 못 하도록 막

아주시는 것이다.

 이것이 하나님의 임재 안에 거하며 사는 사람에게 나타나는 현상이다.

 아래 글귀는 C.S루이스의 저서「스크루테이프의 편지」중 한 대목으로 사탄 삼촌이 조카 웜우드를 가르치는 말이다.

 "아주 간단한 말을 하느라 아까운 종이를 엄청나게 허비했더구나. 머리 꼬리 다 떼고 나면, 결국 환자(성도)를 놓쳤다는 말 아니냐. 이건 아주 심각한 상황인데, 사실 네 무능의 소치를 내가 왜 앞장서서 막아 주어야 하는지 모르겠다.

 환자가 죄를 회개하고 저쪽에서 '은혜'라고 부르는 걸 회복한 규모가 정말 네 말대로라면, 이건 일급에 해당하는 참패야. 제2의 회심이나 마찬가지라구. 그것도 아마 첫 번째 회심보다 더 깊은 차원의 회심이었을걸.

 환자가 오래 된 물방앗간에 산책 갔다 오는 길에 공격을 했더니, 꼭 숨을 틀어막는 듯한 구름이 나타나 널 막았다고? 그건 이미 잘 알려진 현상이라는 사실을 알았어야지. 구름은 원수가 사용하는 가장 무지막지한 무기로서, 보통은 원수(하나님)가 아직 완전히 밝혀지지 않은 형태로 환자(성도)들에게 직접 임재할 때 나타나는 현상이다. 그 구름에 영원히 둘러싸여 있는 바람에 우리(사탄)가 도저히 접근할 수 없는 인간들도 있지.

그건 그렇고, 네가 무슨 큰 실수를 했는지 좀 따져 보자. 무엇보다 먼저, 넌 네 나름대로 변명을 내세우며 환자가 진짜 좋아하는 책을 허용했다. 그런데 환자는 새 친구들에게 아는 척하려고 책을 읽은 게 아니라 진짜 좋아서 읽었지. 둘째, 너는 환자가 오래 된 물방앗간까지 산책을 나가 그곳에서 차를 마시도록 허용했다. 환자가 진심으로 좋아하는 시골길을 그것도 혼자서 가게 하다니, 한마디로 넌 긍정적인 진짜 쾌락을 두 가지나 허용한 셈이다. 그 위험을 알아채지 못할 정도로 무식하단 말이냐?

고통과 쾌락은 너무나도 명백한 현실이기 때문에, 그것이 지속되는 한 현실의 시금석 노릇을 하게 되는 법이다. 따라서 낭만적인 방법-이를테면 상상 속에 걱정거리를 만들어 놓고 자기연민에 빠져 허우적대는 베르테르 나 헤롤드 공자처럼 만드는 방법-을 써서 환자를 멸망시키려면, 무슨 일이 있어도 그가 진정한 고통을 느끼지 못하게 해야 한다. 5분간의 순수한 치통만으로도 터무니 없는 것에 느꼈던 낭만적 슬픔의 정체가 드러나면서, 네 전략이 죄다 폭로되고 만다구.

넌 '세상'을 이용해서, 즉 허영심이나 부산스러움, 아이러니,

사치스런 따분함을 쾌락인 양 속임으로써 환자를 파멸시키려고 애쓰는 중이었다. 그런데 그런 네가 어떻게 진정한 쾌락이야말로 최후까지 막아야 할 금기 사항임을 잊을 수 있단 말이냐? …… 네가 허용한 책과 산책의 쾌락이 무엇보다 위험하다는 걸 몰랐어? 그 쾌감이 환자의 감수성에 덮여 있던 더께를 벗겨 내고, 이제야 제 모습을 되찾아 고향으로 돌아가는 듯한 느낌을 줄 줄 몰랐느냐고? 환자를 원수(하나님)에게서 격리시키기 위한 예비 단계로 먼저 그 자신에게서 격리시키는 작업이 순조롭게 진행중이었는데, 이젠 다 글러 버렸다.

물론 원수도 인간을 그 자신에게서 격리시키기 원한다는 건 안다. 하지만 방향이 달라. 그 작자는 이 조그만 버러지들을 진짜로 좋아하기 때문에 한 마리 한 마리의 차이에 터무니없이 큰 가치를 부여한다는 걸 명심해야지. 원수가 자아를 버리라는 건 아집으로 소리치고 주장하기를 그만두라는 뜻에 불과하다. 그래서 인간들이 아집을 버리고 나면 진짜 각자의 개성을 전부 돌려준다구. 원수는 인간이 온전히 그의 것이 될 때, 그 어느 때보다 더 진정한 제 모습을 찾을 수 있다고 큰소리 친다(불행하게도 이건 원수(하나님)의 진심이지).

그러니까 원수는 그의 뜻에 온전히 복종하기 위해 설사 해롭지 않은 의지라 하더라도 기꺼이 포기하는 인간을 기뻐하는 반면, 그 밖에 다른 이유로 제 본질에서 벗어나 표류하는 인간을 아주 싫어한다. 물론 우리야 당연히 이런 표류를 부추겨야지. 인간의 가장 깊은 곳에 있는 취향과 충동은 원수가 준 원재료이자 출발점이다. 그러므로 그런 취향과 충동에서 멀어지게 만들 수만 있다면 우리로선 먼저 한 점을 따고 들어가는 셈이다. 그러니 아무리 대수롭지 않은 일이라도 자기가 정말 좋아하느냐 싫어하느냐를 제쳐놓은 채, 세상의 기준과 관습과 유행에 따르게 하는 편이 좋은게야. …… 실제로는 죄라고 할 수 없는 개인적인 취향들을 뿌리째 뽑아버리는 걸 원칙으로 삼겠단 말이다. …… 누가 뭐라고 하든 개의치 않고 아무 사심 없이 좋아하는 대상을 하나라도 가지고 있는 사람은 우리의 가장 정교한 공격방식에 대항할 준비가 되어 있다고 봐야 한다.

그러니 사람이든 음식이든 책이든 환자가 정말 좋아하는 것들은 버리게 하고, 그 대신 '제일 좋은' 사람, '적합한' 음식, '중요한' 책들만 찾게 만드는 일에 늘 힘쓰거라. 내가 아는 인간 중에는 내장과 양파 요리를 너무나도 좋아한 나머지, 사회적 야심이라는 강력한 유혹에도 꿈쩍하지 않는 자가 있었다. 이제 이 재난의 수습대책을 모색하는 일이 남았구나. 가장 중요한 건 환자가 어떤것도 행동으로 옮기지 못하게 막는 일이다. 이 새로운 회개에 대해 아무리 생각을 많이 한들 행동으로 옮기지 않는 한 전혀 문제 될 게 없어. …… 여하튼 행동으로 옮기는 것만 아니라면 무슨 짓이라도 하게 두거라. 상상과 감정이 아무리 경건해도 의지와 연결되지 않는 한 해로울게 없다. 어떤 인간이 말했듯이, 적극적인 습관은 반복할수록 강화되지만 수동적 습관은 반복할수록 약화되는 법이거든. 느끼기만 하고 행동하지 않는 경우가 많아질수록, 점점 더 행동할 수 없게 될 뿐 아니라 결국에는 느낄 수도 없게 되지." (스크루테이프의 편지 중 p88-93)

우리 모든 성도는 세상의 기준과 관습과 유행을 따르지 아니하고 오직 하나님 안에 있고 하나님의 말씀이 우리 안에 거하게 함으로 하나님께 무엇이든지 원하는 대로 구하는 삶을 살아야 한다. 말씀과 기도와 찬양, 예배가 생활이 되도록 해야 한다.

형식적으로 드리는 예배가 아니라 진정 내가 하나님을 사랑하여 기쁘고 즐겁고 행복한 마음, 자원하는 마음, 온 마음을 다하여 신령과 진정으로 예배하는 성도,
하나님의 말씀인 성경도 읽고, 부르짖어 기도도 하며, 감사함으로 찬양의 제사를 드리고, 최선을 다하여 성실하게 헌신 봉사도 하는 성도가 되어야 한다.

최창범 위임목사님께서 설교 중 "1톤의 생각보다 1그램의 행동이 더 중요하다."는 말씀을 해 주셨던 기억이 난다. 생각만 하고 행동하지 않는 자가 아니라 적극적으로 행동하는 성도가 되

어 악한 영의 궤계를 물리치고 하나님의 기쁨이 되어야 한다. 우리 모두 그러한 성도가 되길 간절히 소망한다.

"너희가 내 안에 거하고 내 말이 너희 안에 거하면 무엇이든지 원하는 대로 구하라 그리하면 이루리라" (요한복음 15:7)

제22화 ▮▮▮ 세상에, 내가 이렇게 겸손해지다니!

　나는 주일에 청년들과 함께 4부 청년부 예배를 드린다. 하나님께서 새벽이슬과 같은 청년세대가 일어나길 원하시며 중보기도 하길 원하셔서 2018년경부터 청년 금요기도회와 주일 청년부 예배를 함께 드리게 되었다. 청년부를 담당하고 계신 이근욱목사님께서 전하시는 말씀에 은혜를 받고 있다.

　22년인 올 초 사순절을 맞아 「7 대죄」라고 하는 설교를 시리즈로 하셔서 듣게 되었다. 「7 대죄」에는 7가지 큰 죄의 목록이 있다. 이는 300여년 전 4세기 이집트의 사막 수도사였던 에바그리우스라고 하는 수도사에 의해서 처음 정립되었고 시작된 표현이다.

　「죽음에 이르는 7가지 죄」라고 하여 죄의 덕목은 교만, 시기, 탐욕, 탐식, 분노, 정욕, 나태이다. 거기에 한 가지를 더하는 경우가 있는데 바로 허영이다.

　수도사들은 하나님을 깊이 사랑하고 하나님과 깊이 교제하며 거룩하고 경건한 삶을 살기 원했다.

　그들은 어떻게 하면 하나님과 더 친밀 해질 수 있을까, 하나님과 더 가까워질 수 있을까, 거룩하게 하나님을 닮아 갈 수 있을까, 예수님을 따라갈 수 있을까를 고민하다가 그러기 위해서는 이 7가지 죄와 싸워서 이겨야겠다고 생각했다고 한다. 후에 교회가 받아들였는데 유명한 중세 신학자인 토마스 아퀴나스에 의해서 종교학이 발전되어지고 「7대 죄 교리」가 생기게 되었다. 이 7가지 죄는 "머리(Head)"가 되는 죄로 모든 죄의 근원이 되는 죄라는 것이다. 즉, 7대 죄에서 모든 죄가 파생되었다고 생각할 수 있다.

들은 말씀에 대하여 간략히 정리된 것이 있어 함께 생각해 보려 한다. (신원하)

1. 교만 : 뭇별 위의 보좌
단순히 자기를 높이는 것을 넘어 하나님을 떠나 스스로 자신과 삶의 주인으로 살아가려는 태도이다.

2. 시기 : 녹색 눈의 궤수
자기 행복을 위해 친구의 불행을 제물로 삼는 잔인하고 비틀어진 자기 사랑이다.

3. 분노 : 사탄의 화로
내면에 쌓인 분노는 자신을 해치고 언젠가는 타인을 향해 폭발하며 그 결과 걷잡을 수 없이 파괴적이 된다. 반드시

비용과 대가를 지불하게 한다. 분노는 하나님의 의를 이루지 못한다.

4. 나태 : 정오의 마귀

의욕이 없어서 무기력해지고 어떤 일에도 감정이 동하지 않아 마침내 손을 놓고 아무것도 행하려고 하지 않는 마음의 상태이며 선을 행하기를 거부하는 의지적 나태이기도 하다.

5. 탐욕 : 블룩 나온 올챙이 배

나눔이라는 적극적 행위는 탐욕에 대항하는 탁월한 방편이다. 가난한 이들을 위해 움켜쥔 손을 펴고 주머니를 연다는 것은 자신이 물질에 사로잡힌 노예가 아님을 나타내는 표시다.

6. 탐식 : 꽉 찬 배와 텅 빈 영혼

초기 그리스도인들은 도덕적 삶을 지키고 영혼을 순결하게 유지하기 위해 음식으로 인한 육체적 쾌락을 제어해야 한다고 보았다. 종교개혁 이후에도 그리스도인들은 여전히 금욕과 절제를 중요시하였고, 칼빈은 위정자들이 큰 접시가 세 차례 이상 들어오는 식사를 하지 못하도록 하는 규정을 만들었다. 르네상스를 거쳐 근대에 오면서 풍요한 식탁

이 능력과 부의 표상이 되었으나 현대에는 건강과 미모 때문에 절제가 강조되고 있다.

7. 정욕 : 타는 갈증에 마시는 바닷물

정욕은 성욕과는 성격이 다르다. 일반적으로 '통제할 수 없는 과도한 성적 욕망'으로 정의되는 정욕은 왜곡된 성욕이다.

8. 허영 : 사라질 광채

체면과 허례허식이 중시되는 문화로 인해 허영은 사회 전반에 교묘히 스며들어 그리스도인들도 피하기 어려운 실체적 영향력을 행사한다.

성경은 인간이 전적으로 타락한 존재라고 말씀한다. 이는 거듭난 성도라 할지라도 마찬가지다. 그 안에는 여전히 연약함이 있기에 때마다 갈등하고 넘어진다.

나는 주로 어떤 죄에 넘어지는가?

그 죄를 범할 수 있는 환경에서 벗어나라. 그리고 빛이신 그리스도께 나오라.

자신이 십자가에 죽었음을 고백하라. 내 안에 그리스도가 사심을 믿어라. 성령으로 충만하라. 끊임없이 하나님과 대화하며 더 친밀하라. 무엇에든지 하나님과 동행하라.

　이것이 그리스도로 옷 입은 성도의 삶이며 죄를 이기는 능력의 비밀이다. (로마서 13:12-14)

　우리는 삶을 살아가며 위의 내용을 기억하고 죄를 범하지 않도록 늘 힘쓰고 애써 영적 전쟁에서 이기고 승리해야 하겠다.

　자주 걸려 넘어지는 죄가 무엇인지 자백하고 그리스도로 옷 입은 빛의 자녀로 살자.

　아래 글귀는 C.S루이스의 저서「스크루테이프의 편지」중 한 대목으로 사탄 삼촌이 조카 웜우드를 가르치는 말이다.

　"지난번 네 보고를 받고 제일 걱정되는 건, 환자(성도)가 처음 회심했을 때처럼 자신만만한 결심들을 남발하지 않는다는 점이다. 듣자 하니 앞으로는 계속 선한 일만 하겠다는 약속도 펑펑 하지 않았더구나. 심지어 한 번 받은 '은혜'가 평생 지속되길 바라는 것도 아니고, 그저 매일 매시간 닥치는 유혹을 이길 수 있도록 그 매일 매 순간에 해당하는 만큼의 은혜만 바란다니! 상황이 여간 심각한 게 아니다.

　지금 해야 할 일은 딱 하나야. 네 환자는 겸손해졌다. 환자가 그 사실에 관심을 갖도록 유도해 보았느냐? 미덕이란 인간 스스로 그것을 가졌다고 의식하는 순간에 위력이 떨어지는 법인데, 겸손의 경우에는 특히 더 그렇지. 환자의 심령이 진짜 가난해진 순간을 잘 포착해서 '세상에, 내가 이렇게 겸손해지다니!' 하는 식의 만족감을 슬쩍 밀어 넣거라. 그러면 거의 그 즉시 교만—자신이 겸손해졌다는 교만—이 고개를 들게야. 혹시라도 환자가 위험을 눈치채고 이 새로운 형태의 교만을 다잡으려 들거든, 이번엔 그런 시도를 했다는 사실을 자랑스러워하게 만들라구. 이런 식으로 하면 네가 원하는 많은 단계들로 나아갈 수가 있다. 하지만 너무 오래 써먹진 마라. 혹시라도 환자의 유머 감각과 균형감각이 깨어날 시에는, 너를 간단히 비웃고 잠자리에 들 수도 있으니까.

겸손이라는 미덕 자체에 관심을 고정시킬 수 있는 다른 유용한 방법들도 많이 있다. 대부분의 미덕이 그렇듯이 원수는 겸손을 통해서도 인간이 자신에게서 눈을 돌려 원수와 이웃을 향하게 되길 바라지. 자괴감이나 자기혐오의 감정들도 길게 보면 결국 이 한 가지 목적을 위해 고안된 것들이야. 그러니 그 목적이 달성되지 않는 한 우리에게는 해로울 게 없다. 인간이 계속 자기에 대한 생각에 갇히게 된다면, 그리고 무엇보다 자기 경멸을 출발점으로 하여 다른 인간들을 경멸하는 자리로 나아가며 우울함과 냉소주의와 잔인함으로 나아가게 된다면, 우리한테는 외려 이득이지. 그러니 너는 환자가 겸손의 진정한 목적을 보지 못하게 해야 한다.

겸손이란 자기 자신을 아예 잊어버리는 게 아니라, 자신의 능력과 성격에 대해 특정한 형태의 의견(즉, 낮은 평가)을 갖는 거라고 생각하게 만들라구. 환자도 물론 몇 가지 재능쯤은 가지고 있겠지. '겸손이란 내 재능의 가치를 내가 실제로 믿고 있는 수준보다 낮게 보려고 애쓰는 것'이라는 생각을 마음속에 꼭꼭 박아주거라.

실제로도 인간의 재능은 저들의 생각만큼 가치 있는 게 못 되지만, 그건 중요한 점이 아니다. 정말 중요한 건 어떤 자질에 대한 진실보다 평가를 더 중요시하게 함으로써, 미덕의 싹이 나타나는 족족 거짓과 가식의 요소를 그 중심에 주입하는 것이지. 이 방법을 통해 수천 명에 이르는 인간들이 '겸손이란 아름다운 여자가 스스로 못난이라고 믿으려고 애쓰며, 명석한 남자가 스스로 멍청이라고 믿기 위해 노력하는 것'이라고 믿게 되었다. 그래서 뻔히 사실과 다른 걸 믿으려고 애들을 쓰는 경우가 생기는데, 그런 시도가 성공할 리가 있나.

게다가 우린 인간이 이렇게 불가능한 일을 해보려고 노력하는 사이에 끊임없이 저 자신만 생각하도록 붙들어 둘 기회를 얻을 수 있지.

원수의 전략을 예측하려면, 그의 목적이 무얼까를 먼저 생각해 보아야 한다. …… 원수는 그리하여 인간 한 사람 한 사람이 '모든 피조물(자기자신을 포함해서)은 하나같이 영광스럽고 뛰어난 존재'임을 인정하게 되기를 바란다. 물론 인간의 동물적인 자기사랑이야 그 작자도 하루빨리 없애고 싶어하지. 하지만 원수는 새로운 종류의 자기 사랑-자기 자신을 비롯하여 모든 자아를 향한 사랑과 감사-을 회복시키기 위해 장기정책을 쓰고 있다. 이게 무서운 거지. 이웃을 정말 제 몸처럼 사랑하기를 배운 인간은 저 자신 또한 이웃처럼 사랑할 수 있게 된다. 이건 최고로 불쾌하고 납득할 수 없는 원수의 특징 때문인데, 우리가 절대 잊으면 안 될 그 특징이란 바로 그 작자가 자신이 창조해낸 저 털 없는 두발 짐승들을 진짜로 사랑한다는 것, 그래서 왼손으로 가져간 것이 있으면 항상 오른손으로 돌려준다는 것이다.

따라서 원수는 인간이 '나의 가치'라는 주제에 마음을 두지 않게 하려고 총력을 기울일 게다. 그는 인간이 자신을 별 볼일 없는 건축가나 시인으로 폄하하려고 애쓰느라 시간과 노력을 들이기보다는, 차라리 자신을 위대한 건축가나 위대한 시인으로 생각한 다음 그에 대해 잊어버리는 편을 더 좋아할 거라구. 따라서 네가 환자에게 허영심이나 거짓 겸손을 불어넣으려 들라치면, 원수 편에서 즉각 '사람이 자기 재능에 대한 의견을 피력해야 할 입장에 처한다는 건 그리 흔치 않은 일'이라는 점을 분명히 일깨

우며 반격을 개시할 게다. 명예의 전당에서 자신의 서열이 정확히 몇 번째쯤 되는지 굳이 생각해 놓지 않아도 능력을 최대한 계발하는 데엔 지장이 없다는 거지. 너는 무슨 수를 써서라도 환자가 이런 사실을 깨닫지 못하도록 막아야 한다."

(스크루테이프의 편지 중 p94-99)

 죄 중에 가장 큰 죄, 가장 쉽게 범할 수 있는 죄가 '교만'이 아닐까?
 우리가 제일 주의해야 할 것이기에 7중 대죄에서 첫 번째로 '교만'을 다루지 않았나 하는 생각을 하게 된다.

 누구나 내면에 가지고 있는 우쭐대고 자신을 내세우기 좋아하는 마음, 그것이 교만이 아닌가 싶다. 나 또한 많은 사람에게 칭찬을 듣게 되면 나도 모르게 스멀스멀 교만이 머리를 들고 올라오려는 경험을 여러 차례 했으니 말이다. 그때마다 나는 "하나님, 나는 아무것도 할 수 없는 자입니다. 하나님의 도우심으로 할 수 있었음을 고백합니다." 하고 하나님의 은혜에 감사하는 기도를 드림으로 물리칠 수 있지 않았나 하는 생각을 하게 된다.

 또, 자신이 겸손하다고 생각하는 것도 악한 영, 사탄이 주는 생각이고 자체가 교만이란 것에 많이 놀랐다.
 하나님을 깊이 만나기 전 나는 언제나 어디서나 겸손한 모습으로 생활하려고 내 나름 노력하였고 그로 인해 나는 스스로 나 자신이 겸손하다고 생각할 때가 있었다. 그런데 그때마다 뿌듯함을 느꼈던 것 같다. 그 자체가 교만이었다니…

이렇듯 악한 영, 사탄은 교묘하게 인간의 마음과 생각을 조정하고 있다. 자신이 겸손하다고 생각하게 하는 것, 그것도 그들이 주는 생각이라는 것이다.

따라서 우리는 늘 자기 자신을 낮추고 하나님께 꼭 붙어 있어 하나님을 내 삶의 주인으로 모시고 하나님을 경외하고 사랑하며 살아가야 할 것이다.
그래서 교만을 물리치고 겸손한 자로 살아가길 간절히 소망한다.

"교만은 패망의 선봉이요 거만한 마음은 넘어짐의 앞잡이니라." (잠언 16:18)

"그러므로 하나님의 능하신 손 아래에서 겸손하라 때가 되면 너희를 높이시리라" (베드로전서 5:6)

제23화 ▌▌▌ 악~~~~~~~!!!

강아지를 키우고 싶다는 아들의 소원이 이루어져 파향견 쵸코가 우리 집에 온 날!

마치 아이가 태어난 것처럼, 새 식구가 생긴 것처럼, 기쁨의 웃음이 가득하였다. 아파트에서 강아지를 키우는 것을 반대했던 두 여자, 시어머니와 나는 아들보다 더 좋아했던 것 같다.

그런데 그 기쁨도 잠시, 온 지 얼마 안 되어서부터 쵸코는 할머니와 나를 물기 시작했다.

물론 강아지의 생리를 잘 몰라서, 예를 들어 뒤에서 꼬리와 엉덩이 부분을 만져 마치 자신을 공격하려고 한다는 생각을 하게 한 우리의 실수가 있을 수도 있으나, 그래도 사람을 무는 것 특히, 주인을 무는 것은 있을 수 없는 일이라고 생각한다.

동물의 세계는 인간 사회보다 서열의 의미가 더 강한 것 같다. 한두 달이 지난 후 쵸코에게 있어 우리 집 가족의 서열은 자신을 데리고 온 아들이 1순위, 밥 주는 내가 2순위, 온종일 같이 지내는 할머니가 3순위로 되어있었다. 우리의 머리로 생각할 땐 반대가 되어야 할 것 같은데 말이다.

오히려 물린 순위가 반대순서로 할머니가 1순위, 내가 2순위,

아들은 3순위로 한 번 물렸다.

처음에 할머니가 물렸을 때 엄청 야단을 쳤다. 누군가 신문지로 몽둥이를 만들어 때려서라도 버릇을 바로 들여야 한다고 하여 그대로 실행을 했는데 관계가 더 악화되었다. 눈치를 보기 시작하였고 오줌도 아무 곳에나 쌌다. 그래서 또 야단을 치면 입을 씰룩거리며 이를 드러내기 일쑤였다.

그래도 시간이 약이라고 수차례 물림을 당하고 나니 조금씩 쵸코를 알아가게 되었고 물리는 횟수도 줄어가게 되었다. 어떨 때 무는지, 무엇을 싫어하는지, 언제 무관심하게 두어야 하는지를 알게 되었다.

우리 집에 온 지 4년이 된 어느 날 외출하였다가 돌아와 1인 쇼파 위에 내 겉옷을 벗어두고 손을 씻고 나오니 쵸코가 옷 귀퉁이를 깔고 앉아 있어 웃으며 "쵸코야, 엄마 옷 가져갈 거야."하고 옷을 당기는 순간 갑자기 나에게 달려들어 팔뚝과 손목, 그리고 손가락 부분을 물었다. 순간 일어난 일에 너무 놀라 정신을 차릴 수가 없었다. '이게 무슨 일이지?' 정신을 차리고 보니 팔뚝과 손에서 피가 바닥으로 뚝뚝 떨어지고 있었다.

"악~~~~~~~~~~~~~~~!!!"

나는 화를 넘어선 [분노]가 치밀어 올랐다. 소리를 지르고 부들부들 떨리는 몸으로 쵸코를 노려 보았다. 무엇인가 주변에 있었으면 집어 들어 두드려 패거나 던졌을 것 같다.

물린 상처가 욱신욱신 너무나 아팠다. 우선 흐르는 물에 상처를 씻어내고 응급처치를 하였다. 그리고는 바닥에 뚝뚝 떨어진 피를 닦으며 주저앉아 서러워서 엉엉 울었다. 이제는 서로 간 신뢰가 많이 쌓였다고 생각했는데 밀려드는 배신감에 마음이 진정되지를 않았다. 시간이 한참 흘렀다.

나의 눈치를 보고 있는 쵸코... 마치 잘못한 것을 알고 있는 것 같았다.
한참을 울고 나니 쵸코는 나의 맞은편에 쭈구리고 앉아 눈물이 그렁그렁 고인 눈으로 내 눈치를 보고 있었다.
자세히 얼굴을 쳐다보니 눈물을 흘린 자국이 있었다. 또 쵸코를 보니 안쓰러운 마음이 들었다.

"쵸코야, 도대체 왜 그랬어. 왜 엄마를 물었어... 이리와 봐."
쵸코는 천천히 일어나 조심스레 한 걸음 한걸음 내게 다가와 내 앞에 엎드려 앉았다. "용서할게. 앞으로 또 물면 안 돼." 내 눈에서 또 왕방울 같은 눈물이 흘러내렸다. 조심스레 손으로 머리를 만져 주니 얼굴로 내 손을 비빈다. 그 이후 물리는 일이 없이 잘 지내고 있다.

나는 태어나 '분노'의 감정을 이 일을 통해 경험하였다.

"분노란 모든 인간이 가지고 있는 감정 중 하나로 몹시 성을 내는 것을 말한다.
분노는 화, 분, 성, 성질, 노여움, 역정 등과 같은 의미이다. 사람의 분노는 죄의 원인이 되며 파멸로 이끌기도 한다.
그래서 하나님의 말씀인 성경에서는 분노를 삼가고 마음을 지키라고 경고한다."

하나님께서는 쵸코를 통해 많은 것들을 알게 하시고 느끼게 하시며 배우게 하신다.
심지어 하나님과 우리 인간과의 관계도 쵸코를 통해 알아가게 하셨다.
또 악한 영이 쵸코 속에 들어오는 것도 경험하게 하셨다. 쵸코가 무엇인가를 보고 두려워 떠는 모습을 보며 축사도 하게 하셨다.

쵸코가 온 날부터 함께 앉아 가정예배를 드리고 밥이나 간식을 줄 때도 기도를 한 후 먹게 하고 있다. 미물인 쵸코가 기도가 무엇인지 알지는 못할지라도 이제는 매일의 훈련을 통해 습관이 형성되어 기도를 마치고 "아멘" 해야 음식을 먹는다.

하나님 앞에서 우리의 모습도 그러해야 할 것이다.
"경건은 훈련"이라고 하였다.
예배드리기, 말씀 읽고, 듣고, 묵상하기, 기도하기, 섬김과 헌신하기 등을 통해 내가 변화되고, 전신 갑주를 입게 된다.

빛 되신 예수님이 내 안에 들어오심으로 어두움이 드러나게 되고, 그 어두움이 나를 통해 변화되어 하나님이 원하시는 아름다운 세상, 지상천국을 만들어 가게 되는 것이다.

삶이 영적 전쟁이다.
살아가는 동안 일어나는 모든 일이 영적 전쟁임을 이 책을 쓰며 명확하게 알게 되었다.
혈과 육의 싸움이 아닌 악한 영과에 싸움이다.
악한 영, 사탄, 마귀는 일을 조작하고 사람을 미혹하며 비진리를 믿도록 만든다. 사람과의 관계를 깨뜨리기 위해 사람의 입과 귀를 사용하여 서로를 오해하게 하고 마음에 분을 품게 하는 등 사람의 마음과 생각을 마음대로 주무르고 있다는 것을 알게 되었다.
우리 성도는 정신을 차리고 깨어 근신하여야 한다. 말씀 앞에 바로 서 있어야 하고 말씀에 비추어 영 분별을 해야 하며 하나님께 끊임없이 물어야 한다.
그래서 악한 영, 사탄, 마귀의 밥이 되어서는 절대 안 된다.

그러기 위해 늘 하나님 앞에 있어야 하고 영적으로 민감해야 한다. 또, 성령의 9가지 열매(사랑, 희락, 화평, 인내, 자비, 양선, 충성, 온유, 절제)를 맺는 삶을 살아야 한다.

결코, 나의 힘만으로는 할 수가 없는 일이다.
성령 하나님의 도우심을 구하고 날마다 하나님 안에 거해야 한다. 그리고 전신갑주(구원의 투구, 의의 흉배, 진리의 허리띠, 복음에 매는 신, 믿음의 방패, 성령의 검)를 입어야 한다.

그렇게 해서 영적 전쟁에서 승리하는 삶을 사는 저와 여러분이 되길 간절히 소망한다.
할렐루~야!!!

"노하는 자는 다툼을 일으키고 성내는 자는 범죄함이 많으니라" (잠언 29:22)

"우상숭배와 주술과 원수 맺는 것과 분쟁과 시기와 분 냄과 당 짓는 것과 분열함과~이런 일을 하는 자들은 하나님의 나라를 유업으로 받지 못할 것이요" (갈라디아서 5:20-21)

"사람이 성내는 것이 하나님의 의를 이루지 못함이라"
(야고보서 1:20)

〈Jean Calvin의 기독교 강요 예정론 중 한 대목을 공유한다.〉

루터퍼스 멜데니우스(Rupertus Meldenius, 1582-1651, German theologian, educationalist)

루터(Martin Luther, 1483-1546)가 죽은 후 루터교 내부에서 일어난 종교적인 논쟁을 종식시키기 위해 1626년, 멜데니우스는
"아우구스부르크 신앙고백을 따르는 교회 내에서 평화를 위한 조언"이란 글에서
그는 다투는 그룹들 사이에서의 화목(peace)과 일치(unity), 그리고 사랑의 실천을 주장하면서

"본질적인 것에 있어서는 일치를,
의심스럽거나 비본질적인 것에 있어서는 자유를,
이 모든 것들에 있어서는 사랑을"이란 유명한 모토를 제시했다.
기독 사회 안에서 우리가 분노하고 싸우는 대부분의 것들은 비본질적인 것들일 것이다.

각자의 감정과 생각에 사로잡혀 불신, 불화, 반목으로 깊게 패인 골은 우리를 분노하게 하고 용서치 못하게 하고 결국, 같은 시간과 공간 안의 관계들 속에서 서로가 서로에게 사탄의 종노

릇을 하게 만든다.

비본질적인 것의 그 내용물이 주님 위에 올라서지 못하도록.

회개. 용서. 사랑. 이 세 가지 이면 내 안의 모든 악한 영들의 괴롭힘과 그 간궤는 소멸된다.
그리고 그 모든 것 위에 말씀의 검, 말씀의 축복과 그 권능, 예수 그리스도의 보혈의 피.

내가 예수 그리스도의 이름으로 명하노니.

하나님께서는 우리가 그의 지혜를 이해하기보다는 경외하기를 원하시며

경외함으로써 찬탄하기를 원하신다.

우리에게 나타내시고자 하는 그의 비밀의 뜻은 그의 말씀을 통해서 제시하셨다.

우리에게 관계되며 유익하리라고 예견하신 범위 내에서 계시하기로 결정하신 것이다.

저 끝날이 되면 그때에는 우리가 지금 알 수 없는 일을 알게 될 것이다.

우리가 죽게 되어서 알아도 좋은 모든 일을 탐구할 때에 주의 말씀만이

우리를 인도할 수 있는 유일한 길이며

우리가 주에 대해서 보아야 할 모든 것을 보려고 할 우리의 눈을 비추어 주는 빛은

오직 주의 말씀뿐이다.

만일 이 생각이 우리를 지배한다면 우리는 곧 모든 경솔한 행동을 하지 않게 될 것이다.

그 이유는 우리가 말씀의 한계를 넘는 순간에 바른길을 벗어나 암흑속으로 들어간다는 것과 거기서 반드시 헤매며 미끄러져 넘어지리라는 것을 알게 된 것이기 때문이다.

－－ Jean Calvin의 기독교강요 예정론 중

제24화 과거. 현재. 미래.

좋은 사람을 만나 결혼을 하고 자녀를 낳고 함께 행복하게 살아가는 것은 큰 복이라 생각한다. 특히, 내 생각과 잣대로 만난 만남이 아닌 하나님의 계획과 섭리 가운데 예정된 믿음의 사람을 만나 결혼을 하고 믿음의 대를 이어 가는 일은 너무나도 멋지고 행복한 삶이 아닐까 생각한다.

결혼을 위한 배우자 기도를 드리는 중 하나님의 특별한 은혜로 예비하신 사람을 만나게 되었고 결혼을 하게 되었다. 그 후 하루하루 너무나도 행복한 시간 시간을 보냈다. 바라고 원한 대로 믿음의 대를 이어갈 아들을 허락하셔서 기쁨과 감사의 시간을 보낼 수 있었다.

17년의 삶을 동행하며 아름다운 추억을 많이 쌓았다. 헤어지는 그 순간까지도 아름다운 모습으로 기억하게 해 준 남편에게 너무나 감사한 마음이다. 지금은 하늘나라에서 나를 바라보고 있을 남편에게 나의 모습이 더욱 아름답게 보이길 바라는 마음이다.

2011년 남편을 하늘나라에 보낸 후 나는 과거의 행복했던 시간을 추억하고 눈물을 흘리며 하루하루 시간을 보냈다. 생사화

복을 주관하시는 하나님께 "하나님, 왜요, 왜 데려가셨어요?…"라고 묻는 시간이었다. 그 당시 많은 눈물을 흘렸고 과거에 묶여 과거를 추억하며 생활하고 있었다.

하지만 하루하루 날마다 기도하는 시간을 통해 한 걸음 한 걸음 하나님 앞으로 가까이 더 가까이 나아가다 보니 하나님을 깊이 만나게 되었다. 어느 날 하나님께서 "이제는 나만 바라보아라."라고 말씀하셨는데 그때 나의 마음에 평안과 기쁨이 찾아왔다.

그래도 나는 "하나님, 저 천국에 꼭 한 번 가서 남편을 만나보고 싶어요."라고 기도드리고 있던중 본 교회에서 하는 '알파'라는 프로그램에 참여하게 되었다. 알파 수양회 첫날 저녁 예배시간에 위임목사님께서 안수하려는 순간 무언가의 힘으로 인해 뒤로 넘어졌다. 그리고는 머리에서부터 발끝까지 스캔을 떠서 내려가는 듯한 느낌과 함께 "이 평안함이 천국이다."라는 음성이 들렸다. 그 시간 난, 성령의 임재 가운데 천국을 경험하게 되었다.

그 이후 하나님을 더욱더 사랑하며 과거에 묶인 삶이 아니라 그 어느 때보다 더욱 성실하게 현재에 최선을 다하는 삶을 살아가게 되었다.

또 몇 년의 시간이 지나 2017년, 더 깊은 기도로 나아가고 있을 때 하나님께서 갈멜산 기도원으로 몇 차례 부르시고 매번 오를 때 마다 룻기 말씀을 듣게 하셨다. 현재 나의 상황과 일치되는 말씀으로 육신의 상황에 맞추어 나는 룻기 말씀을 해석하였다.

그런데 12월 31일 부르셨을 때는 룻기 말씀을 영적으로 풀이해 주시는 설교를 듣게 하셨다. 나오미는 성령님, 보아스는 예수님, 그리고 룻은 하나님을 떠났다가 다시 돌아온 성도라고 풀이해 주셨다. 그 순간 "이제는 나와 함께 살자."라는 주님의 음성이 내게 들렸다. 나는 "~이제는 내가 사는 것이 아니요, 오직 내 안에 그리스도께서 사시는 것이라"(갈라디아서 2:20)고 사도바울과 같은 눈물의 고백을 하게 되었다.

그리고 내 안에 예수님을 모시고 예수님의 신부로 함께 살아가니 이 세상에서의 행복과는 비교할 수 없는 행복이 느껴졌다. '세상과 나는 간 곳 없고 오직 구속한 주만 보이도다'라고 고백할 수 있다.

몇 차례 룻기를 통해 말씀하셔도 제대로 알아듣지 못하니 영적 풀이를 통해 말씀해 주시고 깨닫게 하신 하나님께 감사드린다.

악한 영, 사탄, 마귀는 나를 과거에 묶고, 현재를 살아갈 때 우울하게 만들려고 하였으며, 미래를 생각할 때는 불안과 염려, 근심, 걱정의 생각들을 내 머리에 넣으려고 하였다.

그러나, 하나님께서는 과거 추억에 묶여 살아가고 있는 나에게 묶임에서 풀어주사 자유함을 주셨으며, 아픈 마음을 위로해 주셨다. 그리고 현재 주어진 삶에 성실히 임하고 하나님께 충성을 다하도록 하셨다. 또한, 미래에 대한 소망, 영원한 하나님의 나라를 사모하는 마음도 주셨다.

그저 하나님의 말씀에 순종하며 따라갔더니 세상이 줄 수 없는, 세상에서 누렸던 그 행복과도 비교할 수 없는 엄청 큰 기쁨과 행복을 차고 넘치도록 부어 주셨다. 할렐루~야!!!

악한 영, 사탄, 마귀는 생명을 죽이는 영이나 하나님은 생명을 살리는 영이시다.

"인간이 행복해야 할 이유가 대체 뭐가 있단 말이냐?"라고 말하는 것은 사탄, 마귀이다.

저들은 성도가 하나님 안에서 행복하게 사는 삶을 싫어한다. 그러하기에 분열을 조장하고 이간하며 시기, 질투, 미움, 다툼, 낙심, 좌절의 마음과 생각을 넣어주어 멸망의 길로 가도록 인도한다.

그러나 하나님은 사랑이시라. 우리 모든 성도가 서로 사랑하고 연합하여 한마음, 한 뜻 되길 원하시며 서로 베풀고 나누며 행복한 삶, 풍성한 삶을 살아가길 바라신다.

먼저 본을 보여주신 하나님, 예수님의 사랑을 깊이 생각하라.

창조하신 인간을 사랑하셔서, 또 인간의 모든 죄와 허물을 용서하여 주시기 위해 사랑하는 독생자 예수님을 성육신으로 이 땅에 보내사 십자가를 지게 하신 하나님의 그 크신 사랑을!

"말씀하시되 내 마음이 심히 고민하여 죽게 되었으니 너희는 여기 머물러 깨어 있으라 하시고
조금 나아가사 땅에 엎드리어 될 수 있는 대로 이 때가 자기에게서 지나가기를 구하여
이르시되 아빠 아버지여 아버지께서는 모든 것이 가능하오니 이 잔을 내게서 옮기시옵소서 그러나 나의 원대로 마시옵고 아버지의 원대로 하옵소서 하시고" (마가복음 14:34-36)

육신을 입고 오신 예수님은 십자가의 고통을 알기에 땀이 핏방울이 되도록 하나님께 간절히 기도하셨다. 그러나 예수님의 원함이 아닌 하나님 아버지의 원대로 되길 원하셨고 결국 우리를 사랑하사 순종하시어 십자가를 지셨다.

머리에는 가시면류관을 쓰셨고 그 가시에 찔려 머리와 이마에

서는 피가 흘러내리고, 온몸은 채찍에 맞아 살점이 떨어져 나가고 채찍 자국과 피로 물들었으며 두 손과 두 발은 포개져 대못에 박혀 십자가에 달리셨다. 우리의 죄와 허물을 용서하여 주시려고 우리를 대신하여 죄 없으신 예수님께서 십자가를 지신 것이다. 그 십자가 사랑, 예수님의 사랑…

그 크신 사랑을 생각한다면 우리가 어찌 하나님을 떠날 수 있으며 하나님의 말씀에서 벗어나 살아갈 수 있단 말인가!

시간 속에 살아가고 있는 우리는 하나님께 시선을 고정하고 오직 하나님께서 원하시는 삶, 하나님의 말씀대로 순종하며 사는 삶을 살아내어 영적 전쟁에서 승리하길 바라 마지않는다.
회개. 용서. 사랑을 실천하며 사는 우리 모두가 되길 간절히 기도드린다.

아래 글귀는 C.S루이스의 저서 「스크루테이프의 편지」중 한 대목으로 사탄 삼촌이 조카 웜우드를 가르치는 말이다.

"인간은 시간 속에서 살고 있지만 원수(하나님)는 그들을 위해 영원을 예비해 두었다. 그래서 인간의 주된 관심을 영원 그 자체와 이른바 현재라는 두 가지 시점 모두에 집중시키려 들지. 현재는 시간이 영원에 가 닿는 지점 아니냐.

원수는 현실을 총체적으로 경험할 수 있지만, 인간은 현재의 순간, 오직 그 순간에만 원수와 유사한 경험을 할 수 있다. 즉, 현재의 순간에만 자유와 현실성을 얻는 게야.

그렇기 때문에 원수는 인간이 계속 영원에 관심을 갖거나(이건 곧 원수 자신에게 관심을 갖는다는 뜻이다.) 현재의 관심을 갖도록 유도할 게다. 원수와 영원히 하나가 되는 일과 영원히 분리되는 일에 관해 깊이 생각하게 하거나, 그렇지 않을 때는 현재 들리는 양심의 소리에 따르거나 현재 주어진 십자가를 지거나 현재 주어지는 은혜를 받거나 현재의 즐거움에 감사드리게 하려 든단 말이지.

따라서 우리(사탄)의 임무는 인간을 영원과 현재로부터 떠나게 만드는 것이다. 가끔씩 한 인간 (이를테면 과부나 학자)을 유혹해서 과거에 파묻혀 살게 하는 것도 다 이런 관점에서 하는 일이야. 하지만 여기에도 한계는 있지. 이런 치들은 과거에 관한 한 어느 정도는 참된 것을 알고 있는 데다가, 과거는 이미 확정되어 있다는 점에서 영원을 닮아있거든.

그러니 과거보다는 미래 속에 살게 만드는 편이 훨씬 낫다. 인간의 열정은 생물학적 필연성에 따라 앞을 향하고 있는 법이므로, 미래에 대한 생각은 당연히 희망이나 두려움으로 불붙게 되어있다. 더구나 미래는 미지의 것이 아니냐. 그러니 미래를 생각하게 만든다는 것은 곧 비현실적인 허상을 생각하게 만드는 것이나 다름없다.

한마디로, 미래만큼 영원과 닮지 않은 건 없어. 미래는 시간 가운데서도 가장 완벽하게 찰나적인 부분이지. 과거는 꽁꽁 얼어붙어 더 이상 흐를 수 없고, 현재는 영원의 빛으로 찬란하게 빛나고 있으니까. 우리가 창조적 진화니 과학적 인본주의니 공산주의 같은 사상체계에 격려를 아끼지 않은 건 바로 이 때문이다. 이런 사상들은 인간의 애착을 미래에, 그 찰나성의 핵심에 붙들어 놓지.

따라서 거의 모든 악은 미래에 뿌리를 두고 있다. 감사는 과거를 바라보고 사랑은 현재를 바라보지만 두려움과 탐욕과 정욕과 야망은 앞을 바라보지. 혹 정욕은 예외일 거라고 생각지 말거라. 현재에 쾌락을 느끼는 순간, 죄(우리의 유일한 관심사인)는 이미 저질러져 버린 상태가 된다고. 이 과정에서 쾌락을 허용해야 한다는 것은 참으로 안타까운 일로서, 쾌락 없이도 죄를 짓게만 할 수 있다면 얼른 빼 버리고 싶은 마음 굴뚝같다. 이 쾌락은 원수가 제공하는 것이므로 현재에 경험하게 되지. 그러나 우리가 제공하는 죄는 역시 늘 앞을 바라보고 있다.

물론 원수도 인간이 미래를 생각하기 바라지. 다만 내일 실천

해야 할 정의나 자비의 행동을 계획하기 위해 지금 필요한 만큼만 생각하길 바란다. 내일의 일을 계획하는 것은 오늘의 의무니까. 모든 의무가 그렇듯이, 그 재료야 미래에서 빌려오는 것이지만 막상 그것을 실천하는 시점은 현재 아니냐.

이건 좀 시시콜콜히 따져 보며 생각할 문제다. 그 작자는 인간이 미래에 신경을 쓰면서 미래에 보물을 쌓아 두길 원치 않지. 우리야 물론 그렇게 되길 바라마지 않지만 말이야. 원수의 이상형은 하루종일 후손의 행복을 위해 일한 다음(그 일이 자기 소명이라면), 그 일에 관한 생각을 깨끗이 털고 결과를 하늘에 맡긴 채 그 순간에 필요한 인내와 감사의 마음으로 즉시 복귀하는 인간이다.

하지만 우리한테는 미래에 잔뜩 가위눌려 있는 인간, 이 땅에 금방이라도 천국이나 지옥이 임할지 모른다는 환상에 사로잡힌 인간, 그래서 천국을 얻을 수 있다거나 지옥을 피할 수 있다는 생각을 불어넣기만 하면 지금이라도 당장 원수의 계명을 깨뜨릴 준비가 되어있는 인간, 자기는 생전에 보지도 못할 계획의 성패 여부에 믿음을 거는 인간이 최고지.

우리가 바라는 건 전 인류가 무지개를 잡으려고 끝없이 쫓아가느라 지금 이 순간에는 정직하지도, 친절하지도, 행복하지도 못하게 사는 것이며, 인간들이 현재 제공되는 진정한 선물들을 미래의 재단에 몽땅 쌓아놓고 한갓 땔감으로 다 태워버리는 것이다. …… 네 환자가 미래에 대해 동요하지 않는 이유는 그가 진짜 현재에 몸담고 있기 때문이 아니라 '미래는 좋을 것'이라고 스스로 설득했기 때문일 수도 있다 이 말씀이야.

 정말 이런 이유로 환자가 평온을 찾은 것이라면 우리한테는 이득이다. 잘못된 희망이 산산이 부서질 그 날을 위해 더 큰 실망감과 그에 따른 조급함을 쌓아가는 셈이니까. 그런데 반대로 환자가 무서운 일이 닥칠지 모른다는 것을 잘 알고 있으면서도 그것들을 이겨낼 미덕을 달라고 기도 하고 있다면, 그러면서 모든 의무와 모든 은혜와 모든 지식과 모든 쾌락의 유일한 거처인 현재에 몸담고 있다면, 이건 아주 바람직하지 못한 현상이니 즉시 공격을 감행해야 한다.

 이런 일을 처리할 때에도 우리의 언어학적 무기가 아주 쓸 만하다. '자기만족'이라는 말을 한번 써 보거라. 물론 그가 지금 '현재를 사는' 이유는 단순히 몸이 건강하고 일이 즐겁기 때문일 수도 있다. 그렇다면 이런 현상은 그저 자연적인 것일 수도 있지. 그래도 마찬가지다. 나라면 더 볼 것 없이 이런 현상을 즉각 분쇄해 버리겠다. 자연적인 현상치고 우리에게 이로울 게 없으니까. 게다가 그 인간이 행복해야 할 이유가 대체 뭐가 있단 말이냐?" (스크루테이프의 편지 중 p101-105)

[손기철장로 말씀 치유집회 중]

"마귀의 통치와 하나님의 통치는 심플한 거예요.

우리의 생각과 감정 모든 행동은 세상에 기초해서 만들어진 것입니다.

세상을 통치하는 자가 세상 신입니다.

세상 풍조 공중 권세 잡은 자 우리의 인간을 따라서 들어온 것들이 다 세상적인 것이라는 겁니다.

우리가 하나님의 영에 인도함을 받는다면 하나님의 말씀대로 생각할 줄 알아야 합니다.

말씀대로 느낄 줄 알고 말씀대로 행동할 줄 알아야 합니다. 그 때 사탄들은 우리에게 아무런 영향력도 권세도 없다는 것입니다.

사탄들에게 억압을 당하고 있는 나와 그리스도인들 그리고 이 땅을 자유케 하고 회복시키는 영적 전쟁을 회피하는 것이 아니라 굳건히 서서 마귀를 대적해야 한다는 사실입니다.

우리는 하나님의 자녀들입니다. 우리는 하나님의 통치를 받아야 하고 예수님께서 마귀를 결박했기 때문에 이제는 더러운 사탄들을 쫓아내어야 합니다.

우리로 하여금 하나님의 통치에서 벗어나 타락하게 만드는 것들이 바로 마귀와 그 졸개들이기 때문입니다."

"세월을 아끼라 때가 악하니라 그러므로 어리석은 자가 되지 말고 오직 주의 뜻이 무엇인가 이해하라"(에베소서 5:16-17)

제25화 ▌▌▌ 나 하고 안 맞아!

　신앙생활을 하다 보면 가장 작은 단위의 소그룹 목장 모임으로부터 시작하여 다양한 부서에서 활동하며 많은 성도와의 관계가 형성된다. 성격이나 성품, 성향이 모두 다르고 각자의 취미, 전공 분야, 관심 분야가 다 다르다 보니 개성도 강하고 훌륭하신 분이 참으로 많다.

　크게 두 부류로 나누어 보면 긍정의 마인드를 가진 분과 부정의 마인드를 가진 분으로 나눌 수 있다. 그중 부정의 마인드를 가진 분들은 모든 일에 있어 불평을 많이 한다. 그렇다고 활동에 참여하지 않는 것도 아니다.

　스크루테이프의 편지에서 웜우드가 말한 "한 교회만 계속 나가고 있는데 전적으로 만족하는 것은 아닌" 그러한 상태의 사람들도 많이 있다. 그러다 보니 교회를 다니기는 하나 매사에 불평, 불만이 많은 것이다. "이 교회는 나하고 안 맞아!"라고 불평하는 말을 하는 것을 종종 듣게 된다. 악한 영, 사탄, 마귀는 이러한 사람들을 먹잇감으로 생각하고 접근해 온다.

　"교회 출석이라는 이 증세가 나아지지 않을 시에는, 차선책으로 자기한테 '맞는' 교회를 찾아 주변을 헤매다니다가 결국은 교회 감별사 내지 감정사가 되게 해야 한다."라고 스크루테이프는 조카 웜우드를 가르치고 있다.

　실제로 교회에 다니면서 만족하지 못하고 불평하면서 지내다가 다른 교회를 찾아가고, 또 그곳에서도 정착하지 못하고 다른 교회로 옮겨가는, 이 교회 저 교회를 떠돌아다니는 성도를 종종 보게 된다. 그러다가 결국은 실족하여 하나님을 떠나는 것을 보았다.
　그럴 때마다 너무나 마음이 아프다.
　물론, 이사를 먼 곳으로 갔다거나 특별한 이유로 부득이하게 교회를 옮겨야만 하는 경우는 예외이겠지만 말이다.

　교회는 그리스도의 머리요 우리는 지체이다. 또 교회는 하나님의 눈과 마음이 있는 곳이다. 그러하기에 우리는 참 그리스도인으로서 하나님 한 분만을 바라보고 한 몸의 지체된 우리 성도는 서로 다름을 이해하고 용서하며 사랑으로 연합하고 하나님 말씀을 준행하면서 순종과 섬김, 헌신의 삶을 살아 하나님께 생명의 면류관을 받는 자가 되어야 할 것이다.

　아래 글귀는 C.S루이스의 저서「스크루테이프의 편지」중 한 대목으로 사탄 삼촌이 조카 웜우드를 가르치는 말이다.

"지난번 편지에 환자가 회심한 이후 한 교회만 계속 나가고 있는데 전적으로 만족하는 것은 아니라는 말을 무심코 썼더구나. …… 환자가 자기 교회에 만족하지 못하면서도 충실하게 다니는 이유를 왜 보고 하지 않았지? 교회에 무관심해서가 아닌 이상 이건 몹시 불리한 일이라는 걸 알고는 있는 게냐? 교회 출석이라는 이 증세가 나아지지 않을 시에는, 차선책으로 자기한테 '맞는' 교회를 찾아 주변을 헤매다니다가 결국은 교회 감별사 내지 감정사가 되게 해야 한다는 것쯤은 알고 있겠지. …… 인간들이 자기한테 '맞는' 교회를 찾아다니다 보면 원수의 바람대로 학생이 되는 게 아니라 비평가가 되어버린다. …… 그러니 제발 분발해서, 이 바보를 최대한 빨리 주변 교회들로 돌려 버리라구. …… 환자를 교회 밖으로 끌어내지 못하겠으면, 적어도 교회 안에 있는 분파에 열렬하게 매달리게 만들라고 충고한 적이 있었지? 이건 진짜로 교리 문제에 열내게 하라는 뜻이 아니야. 외려 그 점에 있어서는 태도가 미적지근할수록 좋지."

(스크루테이프의 편지 중 p106-111)

교회는 복의 근원지이다. 십자가 구원의 역사를 믿는 신앙을 고백하며 재림과 부활과 영생을 소망하면서 천국 가는 그 날까지 인내하며 신앙생활을 잘 하는 모든 성도가 되어야 한다.

결코, 사탄의 먹잇감이 되어서는 안 될 것이다.

하나님이 찾으시는 그 한 사람이 우리가 되길 간절히 소망한다.

"~ 네가 죽도록 충성하라 그리하면 내가 생명의 면류관을 네게 주리라" (요한계시록 2:10)

제26화 ▮▮▮ 인간을 진심으로 사랑한다고?

하나님의 사랑은 세상에서의 그 어떤 사랑과도 비교할 수 없는 사랑이다. 꿈의숲교회 최창범위임목사님께서 설교 중 사랑에 대해 언급하신 바 있다. 사랑의 종류에 대해 구체적으로 살펴보면

1. 에로스(Eros)
남녀 간의 사랑, 완전히 육체적이고 성적인 매력에 매료된 사랑으로 빨리 불붙고 빨리 식어져 곧 없어지는 사랑이다.

2. 루두스(Ludus)
장난스러운 우연한 사랑을 말한다. 서로 만나는게 재미있고 즐겁기 때문에 만나는 관계이다. 특별한 온정의 상호 교류는 없으나 심심하지 않아서 좋다.

3. 스트로지(Storge)
열정이나 탐닉은 많지 않으나 자신도 모르게 빠져드는 정이나 따스함을 느낀다. 이런 경우는 우정에서 사랑으로 변하는 경우에 흔히 볼 수 있다. 비교적 지속력이 강한 상태이나 극적인 정열이 없는 것이 흠이다.

4. 스토르게(Storgay)

가족간 사랑, 부모 자식간 사랑, 특히, 자식을 향한 부모의 다함 없는 사랑.

고대 그리스어인 '스토르게이(Storgay)'에서 비롯된 말로 가족 간의 사랑을 뜻한다. 이는 부모와 자식 관계의 혈연적인 사랑이라는 뜻을 가지고 있지만, 같은 부족 또는 같은 임무나 의무를 수행하는 사이처럼 오랜 관계가 맺어지면서 무르익는 우애와 같은 사랑을 뜻하기도 한다.

5. 마니아(Mania)

격정적인 사랑을 말한다. 광기와 분이 계속되는 상태이다. 사랑하는 사람은 항상 상대가 보고 싶어 미칠 지경이다. 그러나 종말은 갑작스런 파탄을 가져올 확률이 많다.

6. 프라그마(Pragma)

현실적인 사랑을 의미한다. 가슴보다 머리가 앞서는 사랑이다. 상대가 여러모로 자기에게 맞으니까 사랑한다는 타입이다. 그러다 서로 더욱 마음이 맞으면 진한 사랑으로 발전하기도 한다.

7. 필리아(Philis)

친구 간의 사랑, 우정이나 우애.

상대방이 잘 되기를 바라는 순수한 마음으로 그러한 바람이 쌍방적이면서도 그러한 상태를 쌍방이 인지하고 있는 품성 상태를 말한다. 상대방 자체를 위한 그리고 상대방의 본래적 성품 때문에 상대방의 좋음에 대해서 관심을 갖는 것이다. 바로 이러한 최선의 상태에서 상대방 즉, 친구는 '또 다른 나'가 될 수 있다.

8. 아가페(Agape)

하나님의 거룩한 사랑.

지극히 기독교적인 사랑이다. 양보와 이해와 희생을 통해 이루어 가는 사랑으로 실제로 존재하기 어려운 사랑이어서 우리의 생각이나 이상 속에서만 살아있는 실체다.

위에서 살펴 본 바와 같이 많은 종류의 사랑이 있다.

네이버 지식백과 교회용어 사전에서 '사랑'의 정의를 찾아보았다.

"사랑은 아끼고 위하며 정성을 다하는 마음. 동정하여 너그럽게 베푸는 마음. 특히, '사랑'은 하나님의 최고 본질 (요일 4:8,16)이며 기독교의 가장 큰 덕목이요 (고전13:13) 성경의 핵심적인 가르침이다. 성경이 가르치는 사랑은, 한 마디로 예수 그리스도께서 십자가에서 보여주신 신적(神的)인 사랑, 곧 아가페적 사랑이다. (요3:16) 이 사랑을 힘입을 때 비로소 자기를 돌보지 않고 이웃을 위해 자기를 희생할 수 있게 된다. (요1 4:10) 모든 사랑은 하나님의 사랑에서 출발한다. 이 사랑에 근거함으로써 성도는 이웃을 섬기며 (갈5:13), 거짓 없는 사랑을 하고 (롬 12:9), 행함과 진실함으로 사랑할 수 있다. (요일3:18)"라고 설명하고 있다.

악한 영, 사탄, 마귀는 하나님의 사랑에 대해 "인간을 진심으로 사랑한다고 한 건 단순한 부주의로 헛나간 말"이라고 말하며 왜곡시키고 있다. 창조물인 인간에 대한 하나님의 사랑이 얼마나 클지를 생각해 보라!

인간이 만든 작품이나, 그린 그림, 작사·작곡한 노래, 심지어 만든 요리... 등 그것에 얼마나 많은 관심과 사랑, 애정, 애착을 가지고 있는가!
하물며 내가 창조하지도 않은 동물이나 물건을 귀히 여기고 얼마나 많은 관심과 애정을 쏟고 있는가? 그것 또한 사랑의 마음 아닐까?

그러한데 인간을 창조하신 하나님께서 피조물인 인간을 사랑하지 않는다는 것이 과연 가당한 일일까? 우리를 사랑하사 하나님의 자녀로 삼아주셨는데 말이다.

하나님이 우리를 사랑하시기 때문에 사랑하는 외아들 예수님을 이 땅에 보내셔서 (성육신) 죄 없으신 분이 우리 인간의 죄를 대속하기 위하여 십자가에 못 박혀 죽음으로 우리의 모든 죄와 허물을 용서해 주셨고 휘장이 찢어짐으로 우리 인간이 창조주이신 아빠 아버지 하나님과 진솔하면서도 친밀한 사랑의 관계를 갖게 되었다.

우리는 십자가를 지신 독생자 예수그리스도를 통해 하나님의 완전한 사랑과 공의를 알고 우리도 예수님을 닮아 거룩한 삶을 살아내려고 애쓰며 십자가를 통해 겸손해지고 확신, 믿음을 갖고 하늘나라에 소망을 두고 섬김과 헌신의 삶을 살아야 할 것이다. 예수 그리스도에 제자의 삶을 살아야 한다.

우리는 십자가를 통해 하나님의 자비와 공의, 하나님의 변함없으신 사랑, 거룩한 분노 등 더욱 하나님의 성품을 알게 되었고, 그리스도가 십자가를 통해 이루신 성취를 통해 참된 자비와 위로, 참된 기쁨을 느낄 수 있게 되었다. 또한, 죽음과 죄의 권세를 이긴 십자가의 능력은 우리에게 큰 힘이 된다. "두려워하지 말라. 내가 이 세상의 통치자들을 무찔렀다"(요한복음 12:31, 골로새서 2:15)라고 말씀하신다.

이렇게 명백한 하나님의 사랑에 대한 근거가 있는데 어찌 하나님의 사랑을 의심하겠는가!

　우리 성도는 어떠한 상황, 환경에 처해 있다 할지라도 하나님의 사랑을 의심해서는 안 된다. 우리의 머리로 이해가 되지 않는 상황일지라도 오직 하나님의 사랑을 믿고, 신뢰함으로 인내할 때 반드시 승리를 경험하게 하신다.

　하나님의 크신 사랑을 경험한 나로서는 하나님을 전하고 증거 하지 않을 수가 없다. 하나님의 사랑은 내가 직접 체험할 때 능력이 되는 것이다. 하나님의 사랑을 체험하려면 전적으로 하나님을 믿고 신뢰하고 인내하며 하나님의 뜻에 순종하는 길밖에 없다고 생각한다.

　하나님을 가까이하려고 더욱 힘쓰고 애쓰는 삶을 살아야 한다.

　성령의 충만함을 사모하고, 말씀, 복음에 열정을 가지고 듣고 읽고 지켜 행하며, 모든 예배를 사모하여 하나님 앞으로 나아가고, 날마다 간절히 부르짖어 하나님을 찾고 하나님의 얼굴을 구하며 기도의 분량을 채우고, 믿음으로 절대 주권자이신 하나님을 신뢰하고 하나님의 사랑을 조금도 의심하지 않고 믿으면 더 큰 믿음으로 성장하게 되어 믿음의 장부가 될 것이다.

"하나님은 사랑이시다." "하나님은 우리를 사랑하신다."
"하나님은 변함이 없으신 분이시다."

이 사실을 안다면 아니, 믿는다면 아무리 악한 사탄 마귀가 우리를 넘어뜨려 실족시키려고 달려들어도, 우리의 귀에 대고 이간질하여도 또, 우리의 마음에 의심을 심어준다 해도 흔들리지 않게 될 것이다.

아래 글귀는 C.S루이스의 저서 「스크루테이프의 편지」중 한 대목으로 사탄 삼촌이 조카 웜우드를 가르치는 말이다.

"사실 원수(하나님)가 인간을 진심으로 사랑한다고 한 건 단순한 부주의로 헛나간 말이었다. 그거야 말도 안 되는 헛소리고 말고. 원수도 하나의 존재이고 인간은 그와 별개로 존재하는데, 인간에게 좋은 게 원수한테도 좋을 리가 있겠느냐. 사랑에 관해 그 작자가 한 말들은 무언가를 감추려는 위장술이 분명하다. 인간을 창조해 놓고 그렇게나 수고스럽게 애쓰는 데에는 무언가 숨겨진 진짜 동기가 있는 게야. 그 작자가 이렇게 있을 수 없는 사랑을 합네 하고 떠들게 된 건 우리가 그의 진짜 동기를 찾아내지 못했기 때문이지.

대체 원수는 인간들에게서 무얼 얻으려는 심산일까? 정말 알 수 없는 노릇이다. 주로 이 문제 때문에 우리 아버지(사탄)께서 원수(하나님)와 다투셨다는 건 말해줘도 해가 되지 않겠지. 인간의 창조가 처음 논의되던 초기 단계부터 이미 원수는 십자가를 둘러싼 일련의 사건들이 일어나리라는 사실을 거리낌 없이 밝혔고, 우리 아버지께서는 당연히 원수에게 면담을 신청해서 해명을 요구하셨다.

원수는 그때부터 지금까지 자기가 퍼뜨리고 있는 그 사심 없는 사랑인지 뭔지에 대한 황당무계한 이야기 말고는 다른 대꾸를 하지 않았지. 당연히 우리 아버지께서는 이런 반응을 받아들이실 수 없었다. 그래서 원수한테 그가 가지고 있는 카드를 보여달라고 애원하면서, 대답할 수 있는 충분한 기회를 제공하셨지.

그런데 그 비밀을 정말 알고자 하는 간절한 열망을 인정하신 아버지한테 원수는 "너한테 정말 그런 마음이 있었으면 좋겠구나."하고 말하더란다. 생각건대, 면담이 이 지경에 이르면서 원수의 이유 없는 불신에 정나미가 떨어진 아버지께서는 원수 앞을 떠나 무한히 먼 곳으로 갑작스레 자리를 옮기신 것 같다. 워낙 갑자기 일어난 일이어서인지 원수가 아버지를 강제로 하늘에서 쫓아냈다는 웃기는 얘기가 이때 생겨났다.

그 후로 우리는 그 압제자가 그토록 비밀을 유지한 이유를 눈치채기 시작했지. 그 이유란 원수가 차지하고 있는 보좌의 안녕이 바로 이 비밀에 달려 있다는 것이다. 원수 도당들이 자주 인정하듯이, 우리 악마들이 사랑의 의미를 이해하게 되는 날, 전쟁은 끝이 나고 우리는 천국에 재입성할 수 있어. 이것이 우리가 이루어내야 할 대과업이지. 알다시피 그 작자는 인간을 진정으로 사랑할 수 없다. 그렇게 할 수 있는 존재는 아무도 없어. 사랑한다니, 말도 안 되는 소리고 말고. 우리가 그 작자의 진짜 속셈을 알 수만 있다면!

수많은 가설들을 하나하나 검토해 보았지만, 그 속셈만은 여전히 모르겠단 말이야. 하지만 희망을 잃어서는 안 되지. 이론들을 더 정교하게 다듬고, 정보를 더 풍부하게 수집하며, 발전을 보이는 연구자들에게는 더 풍성하게 보상하는 반면 실패하는 자들에게는 더 혹독한 처벌을 내리는 이 모든 일들을 끝까지 수행하는 가운데 박차를 가한다면 성공하지 못할 리가 없다. ……

그러니까 '사랑'이 '좋으냐' '나쁘냐'는 환자(성도) 스스로 정하게 두는 편이 낫다. 만약 환자가 교만한 인간이어서 육체를 경멸하고 있고, 사실은 제 몸이 허약하기 때문에 육체를 경멸하는 것이면서도 제가 순수한 탓이라고 착각하고 있다면—더군다나 그가 대부분의 동료들이 인정하는 걸 하찮게 여기는 데서 즐거움을 얻는 인간이라면-무슨 수를 써서라도 사랑은 나쁜 것이라고 생각하게 하거라. 그에게 콧대 높은 금욕주의를 주입하고, 그의 관능에서 인간적인 요소를 모두 걸러낸 뒤에 훨씬 더 무지막지하고 냉소적인 형태의 관능으로 그를 내리누루라구.

  반대로 환자가 감정적이고 잘 속아 넘어가는 인간이라면 구식 삼류소설가들과 시시한 시인들의 작품을 먹여서, '사랑'이란 저항할 수 없는 것이며 그 자체만으로도 가치 있는 것이라고 믿게 만들어야 한다. 이런 믿음이 어쩌다가 부정을 저지르게 하는 데에는 큰 도움이 못 된다는 건 나도 인정한다만, '고상하고' 낭만적이고 비극적인 간통 관계를 질질 끌고 가게 하다가 잘해서 살인이나 자살로 끝마치게 만들기에는 더할 나위 없이 뛰어난 처방이다. …… 환자를 설득해서 일단 결혼만 성사시키고 나면, 그 후에 그의 신앙생활을 극도로 어렵게 만들어 줄 아가씨들이 주변에 몇 명 있을 게다. …… 너는 그 사이에 사랑에 빠진다는 상태 자체는 우리에게나 저쪽에게나 반드시 유리할 게 없다는 사실을 분명히 숙지해 놓거라. 이 상태는 우리나 원수나 어떻게 하면 잘 써먹어 볼까 노리는 기회에 불과하다. 건강과 질병, 늙음과 젊음, 전쟁과 평화처럼 인간들이 흥분하는 주제들이 대개 그렇듯이, 사랑에 빠진다는 것 역시 영적인 삶이라는 관점에서 볼 때는 가공되지 않은 원료일 뿐이라구."

                                      (스크루테이프의 편지 중 p125-130)

하나님과 열정적으로 사랑하시길 권면한다.

아무쪼록 악한 영, 사탄, 마귀의 속임수에 빠지거나 넘어가 하나님과 멀어지는 일이 없길 바란다. 세상 끝날까지 하나님의 사랑 안에 거하는 모든 성도가 되길 바라 마지않는다.
할렐루~야!!!

"하나님이 우리를 사랑하시는 사랑을 우리가 알고 믿었노니 하나님은 사랑이시라 사랑 안에 거하는 자는 하나님 안에 거하고 하나님도 그의 안에 거하시느니라" (요한일서 4:16)

"우리가 살아도 주를 위하여 살고 죽어도 주를 위하여 죽나니 그러므로 사나 죽으나 우리가 주의 것이로다" (로마서 14:8)

제27화 ▰▰▰ 순결을 지키는 게 건강에 좋지 않다?

나는 어려서부터 "한 사람을 만나 그 사람과 결혼을 하고 그 한 사람과 헤어지게 되면 혼자 살겠다."는 말을 하였고 늘 내 마음에 간직하고 있었다. 기독교적 사고관 때문일 수도 있고 중학교(성신여중)에서 받은 성교육의 영향도 배제할 수 없는 영역인 것 같다.

"순결(純潔)"의 사전적 의미는 "몸과 마음이 아주 깨끗함", "잡것이 섞이지 아니하고 깨끗함"의 뜻을 내포하고 있다.

교회 용어 사전에는 "섞인 것 없이 순수함. 더러운 것이 없는 깨끗함. 성경에서는 불순물이 없는 성막의 등유 (레24:2), 흠이 없는 주의 계명 (시12:6,19:8), 믿음을 지킨 온전한 성도 (계14:4)등에 쓰였다. 이는 '지혜'와 함께 전도자 (교회 일꾼)가 갖추어야 할 자격 중에 하나다. (마10:16)"

하나님께서 인간을 창조하실 때의 목적과 다르게 악한 영, 사탄 마귀는
"순결을 지키는 게 건강에 좋지 않다는 설득도 물론 해봤겠지? 환자 주변에 어떤 아가씨들이 있는가에 관한 보고도 아직

없구나. …… 부정을 저지르는데 관능을 써먹을 수 없게 되었다면, 바람직한 결혼을 하도록 부추기는 쪽으로라도 써먹어야지. …… 혹 결혼을 한다 해도 남자가 그 여자를 노예나 우상이나 공범자 취급을 하게 될 테니 그 편도 그런 대로 괜찮지."

(스크루테이프의 편지 중 p132)

어떠한 수단과 방법을 사용해서라도 하나님께서 기뻐하시지 않는 모습의 삶을 살아가도록 인간들을 부추기고 잘못된 길로 가도록 유인한다는 것이다.

"우리(사탄)가 기교만 좀 부릴 수 있다면, 그런 것들이야말로 남자들의 은밀한 강박증세의 중추를 건드리기 좋은 재료지. …… 간음을 하거나 창녀를 찾아가게 만드는 데에는 실패하더라도, 그 밖의 다른 방법, 좀 더 간접적인 방법으로 남자의 관능을 사용함으로써 파멸로 이끌어갈 수 있으니까."

(스크루테이프의 편지 중 p136)

악한 영, 사탄, 마귀의 궁극적 목적은 "파멸"인 것이다. 하나님을 믿는 성도들이 잘못된 길로 가도록 하되 그것이 잘못된 길인지조차 알아채지 못하도록 하면서 죄의 길로 빠져들게 한다는 것이다.

아래 글귀는 C.S루이스의 저서 「스크루테이프의 편지」중 한 대목으로 사탄 삼촌이 조카 웜우드를 가르치는 말이다.

"잠깐 이긴 하지만, 어쨌든 환자(성도)의 순결을 직접 공격하지 못하도록 원수(하나님)가 강제로 저지했다는 점을 아주 불쾌한 마음으로 주시하고 있다. 원수가 결국에는 으레 이런 짓을 한다는 것쯤은 미리 알고, 그 단계에 이르기 전에 공격을 멈췄어야지. 상황이 이 지경이 되면서 환자는 이런 공격들이 영원히 계속되는 건 아니라는 위험한 진리를 깨달아 버렸고, 그 결과 너는 최상의 무기를 사용할 수 없게 되었다. 굴복하는 것 외에는 우리(사탄)에게서 벗어날 길이 없다고 믿는 무식한 인간들의 믿음을 다시는 못 쓰게 되었다 이 말이야.

순결을 지키는 게 건강에 좋지 않다는 설득도 물론 해봤겠지? 환자 주변에 어떤 아가씨들이 있는가에 관한 보고도 아직 없구나. …… 부정을 저지르는데 관능을 써먹을 수 없게 되었다면, 바람직한 결혼을 하도록 부추기는 쪽으로라도 써먹어야지. '환자가 사랑에 빠지는'게 그나마 최선의 방책인 것 같으니, 막간을 이용해 일단 놈이 사랑에 빠지도록 부추길 만한 여자의 유형-그러니까 육체적 유형-에 대해 몇 가지 힌트를 주는 게 좋을 듯하구나.

물론 이 문제는 지옥의 위계 상 너나 나보다 까마득하게 아래쪽에 계시는 영들이 임시방편으로 거칠게나마 일단락 지었다고 할 수 있다. 어느 시대에나 이른바 성적 '취향'을 총체적으로 오도 했던 것은 바로 이 위대한 거장들이 업적으로서, 이 업적은 유행을 주도하는 대중예술가나 의류업자, 배우, 광고업자 등의 소수 패거리를 통해 이루어졌지. 이런 공작의 목적은 배우자를 영적으로 도와주는 가운데 행복하고도 풍성한 결혼생활을 이루어 갈 가능성이 가장 높은 신부감이나 신랑감으로부터 남자와 여자를 멀어지게 하는 데 있다. ……

현재는 정반대의 방침을 택하고 있지. 바야흐로 왈츠의 시대는 가고 째즈의 시대가 왔기 때문에, 이제는 신체만 보아서는 남자인지 여자인지 모를 여자들을 좋아하도록 교육하고 있다. 이건 그야말로 순식간에 사라지고 마는 아름다움 인지라, 늙기를 두려워하는 여자의 고질적 공포를 배가시키고 (우리는 이 점에서 훌륭한 성과를 많이 얻었다.)임신을 점점 더 꺼리게 만들며 실제로 임신할 수 있는 능력 또한 점점 감퇴시키는 데 그만이야. 그뿐만이 아니다. 우리가 외견상의 누드 (진짜 있는 그대로의 누드 말고) 표현에 관한 사회의 허용 기준을 대폭 상향 조정한 덕분에, 이젠 그런 예술 작품들이 버젓이 무대에 오르거나 해수욕장에서 전시되곤 하지. 물론 그건 다 가짜야. …… 현대 세계는 이런 모습이야말로 '꾸밈없고' '건강한' 것이며, 자연으로 돌아가는 것이라고 믿도록 교육받고 있다. 결국, 우리는 실제로는 존재하지도 않는 대상을 점점 더 갈망하도록 남자들을 지도하고 있는 셈이야. 관능에서 눈이 차지하는 역할을 점점 더 확장시키는 동시에, 그 눈의 갈망이 성취될 가능성은 점점 더 축소시키는 거지. 그 결과가 어떻게 될는지는 능히 짐작할 수 있겠지!

현재로서는 이것이 우리의 일반적 전략이다.
이 전체 틀 안에서 내 환자의 욕망을 부추길 만한 방향을 한두 가지 정도 찾아보거라. 어떤 남자든 그 마음속을 찬찬히 들여다 보면 적어도 두 종류의 여자를 상상하고 있다. 하나는 지상의 비너스고 다른 하나는 지옥의 비너스인데, 대상이 누구냐에 따라 남자의 욕망도 질적으로 달라지지.

지상의 비너스를 향한 욕망은 원수가 흔쾌히 받아들이는 것으로서 언제라도 사랑과 뒤범벅될 준비가 되어있고, 고분고분 결혼할 준비가 되어있으며, 끔찍한 상호 존경과 자연스러움으로 온통 황금빛이 나는 욕망이다. 그런데 남자들이 동물적으로 갈망하는 유형, 동물적으로 갈망하고 싶어하는 유형이 또 있단다. 이건 결혼할 생각을 싹 없애버리는 데 써먹기 제일 좋은 유형이지만, 혹 결혼을 한다 해도 남자가 그 여자를 노예나 우상이나 공범자 취급을 하게 될 테니 그편도 그런대로 괜찮지.

첫 번째 유형을 향한 사랑에도 원수가 악이라고 부를 만한 요소가 끼어들 수 있지만, 그건 우발적인 일에 불과하다. 어떤 여자가 다른 사람의 아내가 아니길 바란다거나 그 여자를 합법적으로 사랑할 수 없다는 걸 아쉬워하는 정도일 테니까. 하지만 두 번째 유형의 경우, 남자는 악의 느낌 그 자체를 추구한다. 남자가 원하는 건 바로 그 '짜릿한' 맛이라고. 남자는 여자를 볼 때 동물성이나 심술, 간교함, 잔인함이 완연히 드러나는 얼굴을 좋아하고, 일반적으로 아름답다고 할 만한 모습과 동떨어진 육체, 제정신으로 보면 오히려 추하다고 해야 할 육체를 좋아한다.

우리(사탄)가 기교만 좀 부릴 수 있다면, 그런 것들이야말로 남자들의 은밀한 강박증세의 중추를 건드리기 좋은 재료지. 지옥의 비너스는 확실히 창녀나 정부로 사용하기에 적격인 유형이다만, 내 환자가 그리스도인일 뿐 아니라 '사랑은 무슨 짓을 해도 용서가 되는 불가항력'이라는 헛소리에 잘 훈련되어있는 인간이라면 이런 여자와 결혼까지 가도록 유인해볼 만하다. 정말이지 이건 시도해 볼 만한 일이야. 간음을 하거나 창녀를 찾아가게 만드는 데에는 실패하더라도, 그 밖의 다른 방법, 좀 더 간접적인 방법으로 남자의 관능을 사용함으로써 파멸로 이끌어갈 수 있으니까. 여담이다만, 이런 방법은 효율적일 뿐 아니라 즐겁기까지 하단다. 이렇게 생긴 불행은 무척 오래가는 데다가 절묘하기 짝이 없거든." (스크루테이프의 편지 중 p131-136)

C.S루이스가 1942년 첫 출간한 「스크루테이프의 편지」는 악마 세계의 최 고참 스크루테이프의 편지를 통해 인간의 본성과 신앙을 통찰력 있게 꿰뚫어 본 것인데 위의 내용과 우리가 살아가고 있는 현실을 비교하여 보라.

"신체만 보아서는 남자인지 여자인지 모를 여자들을 좋아하도록 교육하고 있다. 이건 그야말로 순식간에 사라지고 마는 아름다움 인지라, 늙기를 두려워하는 여자의 고질적 공포를 배가시키고 (우리는 이 점에서 훌륭한 성과를 많이 얻었다.) 임신을 점점 더 꺼리게 만들며 실제로 임신할 수 있는 능력 또한 점점 감퇴시키는 데 그만이야." (스크루테이프의 편지 중 p133) 라고 씌여 있는 대로가 아닌가!

우리는 하나님의 창조 목적과 바른 결혼관 및 가치관을 정립하고 이 시대에 정신을 바짝 차리고 살아가야 한다.
특히, 젊은 세대가 깨어나길 바란다. 세상 풍조 즉, '세상의 죄악 된 유행이나 전통', 혹은 '육신의 정욕을 좇아 세속적인 삶을 추구하는 불신 생활'을 하는 것에서 돌이키고 하나님 앞에서 순결한 신부와 같은 삶을 살아가길 간절히 소망한다. 또한, 바른 결혼관을 가지고 하나님의 나라가 확장되는 생육하고 번성하는 복을 누리며 살아가길 소망하며 기대하고 기도드린다.

고신대 이상규 교수의 기독교 세계관에서 본 결혼·가정관을 살펴보고자 한다.

결혼은 인간의 삶에 있어서 가장 중요한 일 중의 하나이며 가정은 사회를 형성하는 가장 기본이 되는 기초 공동체이다. 그래서 어떤 사회에서든지 그 사회와 개인의 세계관은 결혼 혹은 가정관에 심대한 영향을 준 것이 사실이다.

오늘 우리시대, 특히 6.25를 전후한 서구의 세속적인 가치관의 유입과 더불어 우리 사회에는 또다른 변화가 나타났다. 특히 물질주의, 쾌락주의, 인본주의가 범람하면서 남,녀간의 사랑이나 결혼·가정관에도 커다란 영향을 끼치고 있다.

산업구조의 변화로 인한 여성 노동인구의 급증, 여성해방운동, 도색문화(Sex Culture)의 범람, 성에 대한 개방 등의 영향으로 결혼에 대한 전통적인 규범들은 퇴색되어가고 있다. 20세기에 들어오면서 결혼을 평생의 서약으로 보는 견해는 소수 의견으로 남아 있고 이혼은 급증하고 있다.

결혼·가정에 대한 기독교적 신성성(Sacredness)과 영구성(Permanence)은 구속력을 상실하게 되고 성(性), 결혼, 가정등에 대한 비기독교적인 가르침이 점차 편만해 가고 있는 실정이다.

바로 이러한 현실 앞에서 기독교적 세계관에 기초하여 결혼.가정관을 고찰해 보는 일은 유익한 일이 아닐 수 없다. 여기서 '기독교 세계관적 기초'라는 말은 성경적 기초라고 할 수 있을 것이다.

성경적 관점에서 볼 때 결혼.가정에 대한 논의의 가장 중요한 출발점은 결혼과 가정제도는 인간이 창출해 낸 제도가 아니라 하나님께서 주신 신적 제도(divine institu- tion)라는 점이다. 모든 사회에서 비록 결혼이 인간의 제도(human institution)인 것은 분명하지만 결코 인간의 고안품은 아니다.

결혼은 하나님의 계획(God's idea)이었고 하나님께서 인간에게, 인간을 위해 주신 창조질서이며 인간의 타락 전에 주신 '창조명령'(creation ordinance)이다.

현 질서가 계속되는 한 결혼은 하나님께서 인간에게 주신 하나님에 은혜의 선물로 간주되지 않으면 안된다.

가정은 단순히 남편과 아내의 동반자적 생활이나, 자녀를 출산하는 생물학적 연대(biological ties)에 그치지 않고 하나님과 언약적 관계성(covenanted relationship)을 지닌다는 점에서 그 중요성은 더욱 강조되어야 한다.

하나님은 아브라함과 계약하실 때 '너와 네 후손의 하나님'으로 자녀를 계약의 범주 속에 포함시켰다. 사실 구약의 할례제도나 교회가 시행하는 유아세례는 바로 이런 가정을 통해 계승되는 하나님과의 언약적 관계성의 기초 위에서 시행되는 예식이다.

성경적 관점에서 볼 때 결혼에 대한 몇 가지 기본적인 원리 혹은 원칙을 말할 수 있을 것이다.

첫째로는 일부일처(monogamy)제 원칙이다.
일부일처제는 창조론에 기초한 (마19:4) 하나님의 창조질서였다. 또 이것은 예수님과 초대교회에 의해 설정된 원리였고 (마19:4-6, 고전7:10), 이혼과 재혼과 관계된 일련의 성경적 가르침 속에 선명하게 나타난 원리이다.

둘째로는 항구성(permanency)의 원칙이다.
여기서 '항구성'이라고 할 때 그것은 결혼이라는 제도만이 아니라, 부부라는 결혼을 통해 맺어진 관계 또한 항구적이라는 점을 의미한다.

셋째로는 신실성(fidelity)의 원칙이다.
성경적 결혼의 또 다른 기초는 신실성이다. 성경에서는 부부간의 합당한 도리로 '신실성'을 강조했고 (고전7:1-5) 이혼에 관한 가르침 속에서도 부부간의 신실성을 강조하고 있다.

예수님께서는 부부간의 신실성을 파괴하는 간음을 저주했을 뿐만 아니라 음욕을 품는 것까지도 불의한 것으로 말씀하셨다 (마5:27 이하). 그래서 우리는 결혼을 다음과 같이 정의할 수 있을 것이다.

"결혼은 하나님에 의해 허락된 것으로 한 남자와 한 여자가 전 생애를 함께 하기로 한 전인격적이며 이성적(理性的)인 언약으로서, 상호보완적·동반자적 관계이다."

그러므로 결혼과 가정제도를 부인하거나 그 신성한 의미를 약화시키는 어떠한 이론도 성경의 가르침과는 위배 된다. 가정은 인간의 이기적인 욕망을 정당화시켜 주는 제도일 뿐이라는 공산주의자들의 견해나, 오늘날 서구 사회에 유행하는 계약결혼, 미국의 사회학자인 마가렛 미드(M. Meed)의 '실험 결혼(가정)' 이론은 성경의 가르침이 아니다.

결혼과 가정제도에 대한 성경적 가르침을 오해할 때, 결혼의 목적 또한 왜곡될 수밖에 없다. 이를테면 세속적인 결혼관을 가진 사람은 결혼의 목적 또한 세속적일 수밖에 없다. 결혼과 가정제도에 대한 성경적 지침을 알게 될 때에 결혼에 대한 하나님의 목적도 이해하게 될 것이다. 성경의 사상을 종합해 볼 때, 결혼의 목적을 다음의 몇 가지로 설명할 수 있다.

첫째로는 '생육하고 번성하라' (창1:18)는 명령이다.

하나님께서 '자기의 형상대로 사람을 창조하시되 남자와 여자를 창조하시고' 이들에게 주신 첫번째 명령은 생육하고 번성하라는 명령이었다. 결혼은 일차적으로 이 하나님의 명령을 수행할 수 있도록 허락하신 제도이며 부부간의 결합과 사람을 통해 자녀를 출산하는 축복을 주신 것으로 이해되어왔다.

즉 하나님은 결혼을 통해 이룩된 가정을 출산을 위한 사랑의 터전으로 허락하신 것이다. 즉 하나님은 부부간의 아름답고도 정결한 사랑이 발효될 수 있도록 가정을 주셨고, 또 사랑의 열매로 출산의 복을 주신 것이다.

둘째로는 동반자적 삶을 위한 것이다.

결혼의 목적에 대한 최초의 언급은 동반자적 삶을 위한 것이었다. 하나님께서는 '사람의 독처하는 것이 좋지 못하므로' 아담을 위해서 돕는 배필(a helper suitable for him)을 지으셨다.(창2:18)

하나님의 뜻 안에서 결혼은(영적인) 상호사귐(mutual society)과 상호의존과 보완을 위한 상호위탁(reciprocal commitment)이었다. 돕는 배필이란 히브리어로는 '그 앞에서 돕는 자'라는 뜻이다. 결혼은 인간의 고독에 대한 하나님의 직접적인 처방이었다.

셋째로는 경건한 자녀의 양육이다.

출산에 대한 명령은 양육에 대한 의무를 포함하고 있다. 성경은 가정을 통해 신앙 교육과 영적 양육을 강조하고 있다. 이것은 그리스도인 가정을 주신 중요한 목적이기도 하다. 다시 말하면 성경은 단 한 번도 자녀를 주의 교양과 훈계로 양육하는 일을 부모 아닌 다른 사람에게 위임한 적이 없다. (신6:4-9)

자녀 양육과 교육의 일차적인 책임은 교회도 국가도 아닌 부모이다. 부모는 왕적 권위로 자녀를 지도, 감독하고, 자녀를 가르치고 훈계하는 선지자적 의무를 다해야 하며, 자녀의 죄를 위해 대신 기도하고 간구하는 제사장적 역할을 담당해야 한다.

하나님께서 가정을 주신 것은 자녀를 주의 교양과 훈계로 양육케 함으로써 오늘날과 같은 타락과 방종의 시대에서도 하나님의 백성을 보존하시기 위함이다. 오늘의 많은 그리스도인들은 결혼은 하되 자녀는 갖지 않겠다고 생각하고 있다. 이와같은 태도는 결코 성경적이라고 볼 수 없다.

이것은 가정을 주신 하나님의 목적에 부합되지 않는다. 하나님은 결코 부부간의 안일한 삶을 위해 가정을 주신 것이 아니라, 불의한 시대 가운데서도 하나님을 믿는 거룩한 백성을 보존해 가시도록 하기 위해 가정을 주셨다.

그래서 하나님은 출산을 위해 성을 주셨고, 자녀를 주의 교양과 훈계로 양육해야 할 책임을, 더우기 주의 교양과 훈계로 양육할 책임을 부여받고 있다는 점을 기억해야 한다. 영적 양육의 의무는 하나님이 그리스도인 가정에 부여하신 가장 중요하고도 우선하는 책임이다.

넷째로는 하나님의 영광을 위해서이다.
인간은 하나님께 영광을 돌리기 위해 피조되었고 모든 실재는 궁극적으로 하나님의 영광을 위한 것임을 고려해 볼 때 (고전 10:31), 결혼 그리고 가정의 궁극적인 목적은 하나님께 영광을 돌리게 하기 위함이다.

결혼은 결코 남편과 아내 두 사람의 이기적 삶을 위한 제도가 아니라, 남편과 아내 두 사람의 상호의존과 보완을 통해 보다 효과적으로 하나님과 이웃을 섬김으로 하나님의 영광을 드러내기 위함이다. 그래서 그리스도인들은 아름답고도 정결한 삶을 통해 그리스도를 증거 해야 하며 그리스도인의 가정을 통해서도 하나님의 영광을 추구해야 한다.

그러므로 크리스찬 부부들은 저들의 삶의 현장에서 가정을 통해 어떻게 효과적으로 하나님께 영광을 돌릴 것인가를 진지하게 추구해야 한다.

살펴본 바와 같이 올바른 결혼·가정관을 바로 정립함으로 하나님께서 기뻐하시는 행복한 가정, 오직 하나님께만 영광 올려드리는 복된 가정, 이웃과 세상에 그리스도의 사랑을 전하는 아름다운 가정이 되길 소망한다.

"18 여호와 하나님이 이르시되 사람이 혼자 사는 것이 좋지 아니하니 내가 그를 위하여 돕는 배필을 지으리라 하시니라
19 여호와 하나님이 흙으로 각종 들짐승과 공중의 각종 새를 지으시고 아담이 무엇이라고 부르나 보시려고 그것들을 그에게로 이끌어 가시니 아담이 각 생물을 부르는 것이 곧 그 이름이 되었더라
20 아담이 모든 가축과 공중의 새와 들의 모든 짐승에게 이름을 주니라 아담이 돕는 배필이 없으므로
21 여호와 하나님이 아담을 깊이 잠들게 하시니 잠들매 그가 그 갈빗대 하나를 취하고 살로 대신 채우시고
22 여호와 하나님이 아담에게서 취하신 그 갈빗대로 여자를 만드시고 그를 아담에게로 이끌어 오시니
23 아담이 이르되 이는 내 뼈 중의 뼈요 살 중의 살이라 이것

을 남자에게서 취하였은즉 여자라 부르리라 하니라

24 이러므로 남자가 부모를 떠나 그의 아내와 합하여 둘이 한 몸을 이룰지로다

25 아담과 그의 아내 두 사람이 벌거벗었으나 부끄러워하지 아니하니라" (창세기 2:18-25)

제28화 ▍▍▍ 내 것

나는 어렸을 때 항상 '내' 자를 붙여 말을 하였던 것 같다. 예를 들면 '내 집', '내 아빠' '내 언니' '내 동생' '내 구두' 등…

어느 정도 철이 들고부터는 '우리'라는 말을 쓰게 되었다. '우리 집' '우리 엄마' '우리 교회' 등.

'유독 나만 그랬었나?' 생각을 해보니 그건 아닌 것 같다. 근래 아이들을 교육할 때를 생각해 보니 더 심한 경우와 조금 덜한 경우의 차이지 모두가 다 '내 것'이란 소유욕을 가지고 있는 것을 알게 되었다.

모든 인간은 본능적으로 '내 것'에 대한 욕심을 가지고 있는 듯하다.

나도 인생을 살아오면서 이 세상에 '내 것'은 하나도 없고 모든 것이 '하나님의 은혜이구나.'를 깨닫게 되고 배우게 되었다.

모든 것이 하나님의 은혜임을 깨닫게 되니 그제야 내려놓음이 되고 움켜쥔 손을 펼치게 되며 '나의 나 된 것은 다 하나님의 은혜라' 인정하게 되고 고백하게 된다.

그런데 그 배움의 시간이 곧 고난의 시간이고, 그 시간을 통과

하는 과정은 너무나 아프고 힘들고, 때론 받아들이기가 너무나도 힘든 상황일 수도 있다는 것이다.

성인이 되었음에도 난 '내 남편' '내 아들' '내 집'의 개념이 너무나도 강했다. 결혼하고 그 모든 행복이 '내 것'이라고 생각하며 살아왔다. 그런데 남편을 하늘나라로 떠나 보내고야 그 모든 것이 '내 것'이 아니라 '하나님의 것이요, 하나님이 주신 은혜'였음을 깨닫게 되었고 고백하게 되었다.

악한 영, 사탄은 우리 인간들 마음에 '내 것'이라는 생각을 꼭꼭 심어놓는다. 그래서 내 마음대로 되지 않을 때, 화가 나고 짜증이 나게 하며 분노하게 만드는 것이다. 그리고는 옆에서 우리의 그러한 모습을 지켜보면서 조롱하고 비웃고 좋아한다는 것이다.

'내가 주인 삼은'이란 찬양이 생각난다.
"내가 주인 삼은 모든 것 내려놓고 내 주되신 주 앞에 나가, 내가 사랑했던 모든 것 내려놓고 주님만 사랑해." 그럴 때 "주 사랑 거친 풍랑에도 깊은 바다처럼 나를 잠잠케 해. 주 사랑 내 영혼의 반석 그 사랑 위에 서리."가 되는 것이다.

이 세상에 '내 것'은 아무것도 없음을 아는 것이 지혜요, 지식이라는 생각이 든다. '모든 것은 하나님의 것' 임을 알게 될 때 진정한 행복이 임하는 것을 경험한 자로서 과감하게 고백하게 된다.

교묘하게 우리를 넘어뜨리려는 악한 영, 사탄, 마귀의 계략에 넘어가지 말고 늘 승리하는 우리가 되길 소망한다. '적을 알고 나를 알면 백전백승'이라 했으니 하나님의 말씀을 알고, 스크루테이프의 편지 내용을 숙지함으로 사탄의 계략에 넘어가지 않고 영적 전쟁에서 승리하는 우리 모든 성도가 되길 바란다.

아래 글귀는 C.S루이스의 저서 「스크루테이프의 편지」중 한 대목으로 사탄 삼촌이 조카 웜우드를 가르치는 말이다.

"인간들은 단순히 불행이 닥쳤다고 분노하는 게 아니라, 그 불행이 권리의 침해로 느껴질 때 분노한다. 이렇게 권리를 침해 당했다는 의식은 자기의 정당한 요구가 거절당했다는 느낌에서 나오는 거야. 따라서 네 환자(성도)가 삶에 더 많은 것을 요구하도록 유도하면 할수록 그런 의식을 갖게 되는 횟수가 늘어날 테고, 결국에는 성질도 나빠질 게다. 이제 너도 알아챘겠지만, 제 마음대로 쓸 수 있으리라고 기대했던 시간을 느닷없이 **빼앗겨 버리는** 것만큼 화내기 쉬운 상황은 없다. 뜻하지 않은 손님이 왔다거나 (한적한 저녁 시간을 보내길 고대했는데), 친구의 아내가 마구 수다를 떤다거나 (친구와 둘이서만 이야기하고 싶었는데)

하는 작은 일들이 환자의 절제심을 무너뜨리지.

이 일 자체만 놓고 본다면야 네 환자도 이런 사소한 결례를 참지 못할 만큼 무자비하거나 나태한 인간은 아니다. 그런데도 그가 화를 내는 이유는 자기 시간은 그야말로 자기 것인데 도둑맞아 버렸다고 생각하기 때문이야. 그러니 너는 열심을 다해 '내 시간은 나의 것'이라는 그 기묘한 전제가 환자의 마음에서 빠져나오지 못하도록 꼭 틀어막아야 한다. 마치 자신이 하루 24시간의 합법적인 소유자로서 매일의 삶을 시작하는 것처럼 느끼게 하라구.

직장에서 일하는 시간은 자기 재산에서 억지로 떼어 주어야 하는 부담스러운 세금으로 여기게 하고, 종교적 의무들에 할애하는 시간은 너그러운 기부금으로 여기게 하거라. 단, 이런 차액들을 제하기 전의 전체 시간은 '어떤 불가해한 의미에서 내가 타고난 개인적 권리'라는 믿음에는 의문을 제기하지 못하게 해야 한다. 이건 까다로운 작업이야. 환자에게 계속 믿음을 주어야 할 이 전제가 하도 엉터리 같다 보니, 한번 의문이 터져 나오기 시작하면 쥐꼬리만큼도 변호할 여지가 없거든. 인간은 시간 중에서 단 한 순간도 만들어내거나 붙들어 둘 수 없다.

시간이란 순전히 선물로 주어진 것이지. 시간이 저희들 것이라면 해나 달도 저희들 소지품이게? 이론상으로 환자는 원수를 전적으로 섬기는 일에 헌신하기로 했기 때문에, 만약 원수가 육신의 모습으로 나타나 하룻만이라도 전적으로 섬기기를 요구한다면 거절하지 못할 게다. ……

일반적으로 '내가 주인'이라는 생각은 어떤 경우에도 부추길 만한 가치가 있지. 인간들은 노상 제가 주인이라고 주장하는데, 천국에서 듣든 지옥에서 듣든 우습기 짝이 없는 소리다. 인간이 그런 우수운 소리를 계속 떠들게 하는 게 우리 일이야. 현대 세계가 순결에 그렇게나 반발하는 것도 '내 몸은 내 것'이라고 믿는 탓이다. 육체라는 광막하고 위험천만한 땅, 세상을 만들어낸 에너지가 고동치는 그 땅에 자신들의 동의로 거하게 된 것도 아닐뿐더러, '다른 이'의 뜻에 따라 그 땅에서 물러나야 하는 주제에 들 말이지!

이런 인간의 착각은, 어떤 왕이 아들을 사랑해서 거대한 영토의 명의를 준 후 실제 통치는 현명한 조언자들에게 맡겼는데, 막상 그 아들은 놀이방 바닥에 널린 집짓기 장난감들처럼 그 모든 도시와 숲과 곡식도 진짜 제 것인 양 착각하는 것이나 진배없다.

'내가 주인'이라는 생각을 불어넣는 데에는 교만 말고도 혼동을 이용할 수 있다. 즉, 인간들이 소유격의 다양한 의미를 구별하지 못하도록 교육하는 거지. '내 장화'로부터 시작해서 '내 개',

'내 하인', '내 아내', '내 아버지', '내 상관', '내 나라'를 거쳐 '내 하나님'에 이르기까지 섬세하게 달라지는 그 의미의 차이를 보지 못하게 하라는 거야.

인간들을 잘만 가르치면 이런 의미들을 모조리 '내 장화'와 같은 뜻, 즉 소유를 나타내는 '내'로 국한 시킬 수 있다. 놀이방에서 노는 아이가 '내 곰 인형'이라고 할 때도 '나와 특별한 관계를 맺고 있는 오랜 애정의 대상'이라는 뜻(조금만 방심하면 원수가 이런 뜻으로 사용하도록 가르칠 게다.)이 아니라 '마음만 내키면 언제든지 찢어버려도 되는 곰 인형'이라는 뜻으로 사용하도록 교육시킬 수 있지. '내 하나님'이라는 말도 마찬가지야. 실제로는 '내 장화'라는 말과 전혀 다를 바 없는 뜻, 즉 '나한테 특별 봉사를 해달라고 요구할 수 있으며 설교단에서 얼마든지 이용해 먹을 수 있는, 내가 독점하고 있는 하나님'이라는 뜻으로 사용하도록 교육할 수 있다구.

인간이 완전히 소유했다는 의미에서 '내 것'이라고 말할 수 있는 것이 단 하나도 없다는 사실만 생각하면, 시도 때도 없이 웃음이 나오지 뭐냐. 종국에는 존재하는 모든 것, 특히나 모든 인간에 대해 원수나 우리 아버지 둘 중 한 편이 '내 것'을 주장하게 될 게다. 그러니 마음 푹 놓아도 좋아. 인간들도 결국엔 자기 시간, 자기 영혼, 자기 육체가 과연 누구 것인지 알게 되는 날이 올

테니까. 여하한 경우에도 저희들 것은 절대 될 수 없지. 지금은 원수가 세상을 만들었다는 현학적이고 법적인 근거를 대면서 만물이 '내 것'이라고 떠들고 있다. 하지만 우리 아버지(사탄)께서는 세상을 정복했다는 한층 더 현실적이고 역동적인 근거를 바탕으로 만물을 '내 것'이라고 주장할 수 있게 되길 바라고 계신다." (스크루테이프의 편지 중 p137-142)

이 세상의 모든 것은 하나님의 소유임을 알고, 주신이도 하나님이시요 가져가시는 이도 하나님이심을 알아 범사에 감사하는 자, 겸손히 하나님의 뜻에 순종하는 자로 살아가길 소망한다.

"나와 내 백성이 무엇이기에 이처럼 즐거운 마음으로 드릴 힘이 있었나이까 모든 것이 주께로 말미암았사오니 우리가 주의 손에서 받은 것으로 주께 드렸을 뿐이니이다" (역대상29:14)

"우리 하나님이여 이제 우리가 주께 감사하오며 주의 영화로운 이름을 찬양하나이다" (역대상29:13)

제29화 ▮▮▮ 영적 교만

우리 동네를 거닐다 보면 교회가 이렇게나 많았나… 하는 생각을 하게 된다. 특히, 밤이 되면 네온사인 십자가가 눈에 많이 띈다. 특히, 높은 곳에서 내려다보면 여실히 드러난다.

그럼에도 불구하고 교회라는 곳이 있는지, 또 교회가 무엇을 위해 존재하는 곳인지 전혀 알지 못하고 '하나님'에 대해 들어 본 적도 없고, 또 "예수님 믿으세요.", "교회에 갑시다."라고 한 번도 전도를 받아본 경험조차 없는 사람들이 있다.

실제로 그러한 분을 만난 적이 있었다. 택시를 타고 택시 기사님을 전도하려고 "하나님 믿으세요?" 하고 물었을 때 살아오면서 한 번도 자신에게 하나님을 믿으라고 한 사람이 없었다는 말을 듣게 되었다.

또, 어떤 사람은 우여곡절 끝에 교회에 나오게 되었는데 교회 안으로 들어서는 순간, 혹은 의자에 앉는 그 순간부터 자기의 의지와는 상관없이 자신도 모르게 눈물, 콧물이 나며 회개를 하게 되는 경우가 있다. 성령 하나님의 임재가 너무나도 강하게 부어지는 경우를 보게 된다. 그래서 짧은 시간에 하나님을 깊이 만나게 되면서 영적인 체험을 하게 되는 경우가 있다.

 교회에 오래 다닌 성도 보다 방언도 먼저 하게 되고, 꿈이나 환상을 통해 하나님께서 보여주시는 것들을 경험하기도 하며 기도하는 것마다 바로바로 응답이 되는 경험도 하게 된다.
 그러다 보니 스스로 영적 우월감을 가지게 되거나, 영적 교만에 빠지게 되는 경우가 종종 있다.

 영적 교만으로 인해 넘어지는 경우는 하나님을 믿은 지 얼마 안 된 성도도 있고 반면, 오랜 시간 하나님을 믿어온 사람도 있다. 그렇기에 그 누구도 자만해서는 안 될 일이다. 영적 체험이나 은사는 하나님께서 주시는 은혜의 선물인 것이다. 그리고 사명을 위해 주시는 것이기도 하다. 따라서 하나님께서 은사를 주실 때는 더욱 두렵고 떨리는 마음으로 겸손히 하나님 앞에 엎드려야 한다.

 결코, 하나님의 선물을 헛되이 받는 자가 되어선 안 될 것이다. 욕심으로 받아서도 안 되고 잘 못 사용하여서도 안 되며 특히, 영적 우월감을 가지거나 교만에 빠져서는 더더욱 안 될 것이다.

 하나님께서는 '교만'을 가장 싫어하신다. 왜냐하면, 교만은 하나님을 필요로 하지 않는 패망의 길이기 때문이다.

　육적인 교만은 자신을 높이고 남을 무시하는 것이고, 영적인 교만은 높아진 마음이라 할 수 있다. 마음이 높아져서 하나님의 법과 질서를 무시하면서 '하나님을 사랑한다.'고 한다. 또한, 다른 사람을 판단하거나 정죄하기도 한다.

　영적 교만은 내가 너무 커져서 하나님이 내 안에 계실 자리가 없는 것이다. 그래서 '나'라는 말을 남발하게 만드는 자기애와 자기 과시욕을 경계해야 한다.

　영적으로 교만하면 자신이 안다고 하는 것으로 상대를 비방하고 헤아리며 상대를 낮추게 된다.
　그래서 하나님의 말씀을 듣고 믿음 가운데 살다가도 누가 죄를 짓기라도 하면 스스로 재판장이 되어 금세 그를 정죄하고 폄론하는 것을 볼 수 있다. 이처럼 자신은 더 큰 악을 행하게 되는 것이다. 그러면서도 그 악을 깨닫지 못하니 영적 교만은 육적 교만보다 더 무서운 것이다.

　아래 글귀는 C.S루이스의 저서 「스크루테이프의 편지」중 한 대목으로 사탄 삼촌이 조카 웜우드를 가르치는 말이다.

"네 환자의 애인을 담당하고 있는 슬럼트림팻(Slumtrimpet)과 편지를 몇 통 주고받았는데, 이제야 그 여자가 두르고 있는 철갑의 허점이 보이기 시작하는구나. 그 허점이란 여간해서는 눈에 잘 보이지 않는 사소한 악으로서, 그 여자뿐 아니라 명쾌하게 정의된 신앙으로 결속된 집단에서 자라난 여자라면 거의 누구나 가지고 있는 것이지.

즉, 그네들은 자기들과 믿음을 공유하지 않는 외부인들은 그야말로 어리석고 우스운 사람들일 것이라는 흔들리지 않는 억측을 가지고 있다. 그런 외부인들과 계속 접촉하는 남자들이야 이렇게까지는 느끼지 않지. 저들 나름대로의 확신이 따로 있긴 해도 그 종류가 달라.

그 여자 자신은 신앙 때문에 이런 확신을 갖게 되었다고 생각하지만, 사실은 상당 부분 주변 환경의 영향을 받은 탓이 크다. 이런 확신은 제 아버지가 쓰는 생선 칼이야말로 제대로 된 칼이고 정상적인 칼이며 '진짜' 칼이고, 이웃집에서 쓰는 칼은 절대 '진짜 생선 칼이 아니다.'라고 믿었던 열 살 때의 확신과 별반 다르지 않지.

하지만 전체적으로 본다면 무지와 순진함이 큰 비중을 차지하는데다가 영적인 교만의 요소는 적기 때문에 이 여자 자체만 놓고 볼 때는 별 희망이 없다. 혹시 이 여자의 확신을 이용해서 환자를 요리할 생각은 해 보았느냐?

초심자들은 언제나 과장이 심한 법이다. 갓 출세한 사람은 지나치게 세련되게 굴게 되고, 젊은 학자는 현학적이 되게 마련이지. 그런데 환자(성도)는 이 새로운 집단의 초심자 아니냐.

그는 이곳에서 전에는 상상도 못했을 만큼 수준 높은 그리스도인들의 삶을 날마다 접하는 데다가, 사랑의 마법이 걸린 유리를 통해 만사를 보고 있는 중이다. 그는 지금 이 수준을 모방하고 싶은(이건 사실 원수의 명령이기도 하지) 마음이 간절한 상태야. 그렇다면 애인의 결점을 모방하고 과장하게 만들어서, 여자한테서는 경미했던 결점이 그한테 옮겨왔을 때는 가장 강력하고도 아름다운 악, 즉 영적인 교만이 되게 할 수 있겠지?

현재 조건은 더할 나위 없이 유리하다. 환자가 새로 속하게 된 집단은 기독교외에도 다른 많은 점에서 교만으로 유혹할 여지가 많거든. ……

환자는 그들의 사랑 덕분에 자기가 얼마나 많이 용서받고 있는지, 그 가족의 일원이 된 덕분에 얼마나 많이 용납받고 있는지에 대해서는 전혀 아는 바가 없지. 자기의 말과 의견 중 꽤 많은 것들이 그저 그들이 이미 했던 말의 메아리처럼 들리고 있으리라고는 꿈에도 생각 못 하고 있다구.

이런 형편이니 이 사람들한테서 얻는 즐거움 가운데 상당 부분이 사실은 그 아가씨가 발산하는 관능적인 매력 때문일 거라는 의심을 할 리가 있나. 그저 서로 영적 상태가 어느 정도 맞아떨어지기에 자기가 이토록 그들의 말과 생활방식을 좋아하는 거라고 생각할 뿐이지.

물론 실제로는 그들의 수준이 훨씬 더 높고말고. 환자가 사랑에 빠지지만 않았던들 지금처럼 그들을 받아들이기는커녕 당혹감과 거부감 밖에 느끼지 못했을걸. 사냥의 본능과 주인에 대한 사랑 때문에 겨우 하루 사냥해 본 개가, 이제 총기류에 대해서라면 다 통달한 양 착각하는 꼴이지 뭐냐!

너는 바로 이런 기회를 잡아야 하는 거다. 사실 원수는 지금 자기를 섬기는 일에서 환자보다 훨씬 앞서 있으면서 호감도 주는 인물 몇 명과 이성간의 사랑을 통해, 그 밖의 방법으로는 도저히 도달할 수 없을 수준으로 그 젊은 야만인을 끌어올리고 있는 중이야.

하지만, 너는 그 야만인이 자기한테 걸맞은 수준을 찾았다고, 즉 이들은 '자기와 같은 부류'라서 같이 어울리면 그렇게 편할 수가 없다고 느끼게 해야 한다. 그러다가 혹시 다른 모임에라도 가게 되면 지루하기 짝이 없을 게야. …… 즐거운 집단과 지루한 집단의 차이를 신자와 불신자의 차이로 착각하도록 가르치거라. '우리 그리스도인들은 확실히 달라'라는 느낌(물론 이런 느낌을 입 밖에는 내지 않게 하는 게 좋아)을 주어야 한다. 그럴 때 저도 모르는 사이에 '우리 그리스도인'이 곧 '내 편'을 가리키게 만들라구.

물론 여기서 '내 편'이라는 건 '사랑과 겸손으로 나 같은 사람을 받아들여 준 사람들'이라는 뜻이 아니라 '내가 마땅히 누려야 할 권리에 따라 사귀는 사람들'이라는 뜻이 되어야지.

이 작전의 성공 여부는 환자를 얼마나 혼동시킬 수 있느냐에 달려 있다. 그가 드러내놓고 공공연히 '나는 그리스도인'이라고 자랑하고 다니게 만든다면 실패할 수밖에 없지. 이 점에 관한 원수의 경고는 이미 잘 알려져 있는 바다.

다른 한편으로는 '우리 그리스도인'이라는 생각을 완전히 없애 버린 채 '내 편'이라는 생각에만 자족하게 만들 수도 있는데, 이 경우에는 사회적 허영심의 조장이 가능하지. 하지만 이건 진정한 영적 교만에 비교하면 빛 좋은 개살구요 하찮기 그지없는 사소한 죄에 불과하다. ……

'내가 정확히 무엇에 자긍심을 느끼는 걸까?'라는 의문만은 절대 품지 못하게 하는 거다. 핵심부에 소속되어 비밀을 공유한다는 건 달콤하기 짝이 없는 일이지. 바로 그 부분을 건드리거라. 그 여자가 가장 어리숙하게 굴 때의 영향력을 최대한 이용해서 환자가 불신자들의 말을 우스워하는 태도로 받아들이도록 교육하라구." (스크루테이프의 편지 중 p157-163)

악한 영, 사탄, 마귀는 성도들이 영적 교만에 빠지도록 하려고 옆에서 끊임없이 부추기고 있다는 사실을 기억해야 한다. 영적 우월감과 영적 교만에 빠져 재판장이 되게 하여 '정죄'하고 '판단'하게 함으로 자신도 모르게 죄를 짓게 만든다.

그러니 우리는 늘 정신을 바짝 차리고 더욱 겸손히 하나님의 말씀 앞에 서서 순종하고 말씀을 준행하며 사는 삶을 살아야 할 것이다. 영 분별의 능력을 구하여야 한다.

"교만은 패만의 선봉이요, 거만한 마음은 넘어짐의 앞잡이니라" (잠언 16:18)

"여호와를 경외하는 것은 지혜의 훈계라 겸손은 존귀의 길잡이니라" (잠언 15:33)

제30화 ▮▮▮ 내가 너를 위해 이렇게 하는 거야.

당신은 이기적인 사람인가? 이타적인 사람인가?

이기주의란 '남이나 사회 일반을 돌아보지 않고 자기만의 이익이나 행복을 추구하는 사고방식이나 태도'를 말한다.
이기주의와 대립 되는 사상은 이타주의이다.

이타주의란 '사랑을 주의로 하고 질서를 기초로 하여 자기를 희생함으로써 타인의 행복과 복리의 증가를 행위의 목적으로 하는 생각, 또는 그 행위'를 말한다.

그런데 스크루테이프는 웜우드에게 '비이기주의'를 가르치고 있다.
"아느냐? 원수(하나님)의 '사랑'을 우리가 '비이기주의'로 바꾸었다"라고 말하고 있다.

이 비이기주의는 '사랑'과 다르고 또 완전한 이타주의와도 다르다고 말하고 있다. 마치 '비이기주의'가 '이기주의'와 반대되는 개념인 것 같이 생각되어 좋은 개념으로 인식될 수 있으나 '비이기주의'는 오히려 '이기주의' 보다 더 나쁜 결과를 초래할 수 있다고 말하고 있다.

'비이기주의'란 다른 사람을 위해 나의 이익을 포기한다는 말이다.

그렇게 볼 때 '비이기주의'는 좋은 것이라는 생각이 든다. 하지만 '비이기주의'에는 '교묘하고 은근하게 숨어 있는 자기 의義'가 들어있다. 내 안에 은근히 숨어 있는 '의'를 찾아내기란 결코 쉬운 일이 아니다.

생각해 보니 내가 '비이기주의'의 삶을 살아왔다.
친구의 의견에 맞춰 주기 위해 나의 의견을 포기하고는 "내가 너를 위해 이렇게 하는 거야." "난 괜찮아"라고 말하며 은근히 나의 '의'를 강조한 경우가 얼마나 많았는지 모르겠다.

'이기주의'가 '비이기주의' 보다 당연히 나쁘다는 생각이 드는데 스크루테이프의 편지에서는 왜 " '비이기주의'가 '이기주의' 보다 더 나쁜 결과를 만들어 낼 수 있다."라고 말을 하는 것일까?
그 이유는, '비이기주의'가 하나님을 배제하고 자기 자신의 '의'로 인해 스스로 자신이 괜찮은 사람이라고 여기는 것이기 때문이다.

'비이기주의'는 죄가 아닌 의로 여겨진다.

오히려 '이기주의'는 누가 보아도 자기 이익만을 생각하는 분명한 '죄'이기 때문에 회개할 수 있고 돌이킬 기회가 주어지는 것이다.

따라서 '이기주의'와 '비이기주의'의 결과가 다른 것이다.
하나님께서는 우리에게 "선을 행하라"라고 말씀하셨고 우리는 그 말씀에 순종하여 '선'을 행한 것뿐이니 그로 인해 하나님께 영광을 올려드려야 하는데 그것을 나의 의로 취하니 '비이기주의'가 하나님 보시기에 얼마나 '악'하겠는가!

"진짜 이기주의보다는 정교하면서도 자의식이 강한 비이기주의의 초기 징후들이 결국엔 더 값진 결과를 낳는 경우가 많다. 그런 징후들은 내가 설명한 것과 같은 종류의 악으로 꽃필 가능성이 농후하지." (스크루테이프의 편지 중 p176)

악으로 꽃필 가능성이 농후한 '비이기주의'에 빠지는 일 즉, 나의 '의'로 여기는 일이 없도록 우리는 늘 조심해야 할 것이다.

아래 글귀는 C.S루이스의 저서 「스크루테이프의 편지」중 한 대목으로 사탄 삼촌이 조카 웜우드를 가르치는 말이다.

"맞다. 연애기간이란 십 년 후 가족 불화로 자라 날 씨앗을 미리 뿌려두는 시기지. …… '사랑'이라는 말의 모호한 뜻을 잘 이용하도록. 사실은 아직 매력을 느끼고 있기 때문에 문제들을 보류하거나 연기한 상태이면서도, 정작 본인은 사랑의 힘으로 이미 해결했노라고 믿게 해야 한다.

이런 상황을 오래 끌어야, 문제들을 은밀하게 악화시켜 고질병으로 만들 기회가 생기는 게야.

제일 큰 문제는 '비이기주의'이다. 이 점에서도 역시 우리 언어학적 무기의 탁월한 업적 덕분에, 원수가 '사랑'이라고 부르는 적극적 개념이 '비이기주의'라는 소극적 개념으로 바뀌었다는 사실에 주목하기 바란다.

애시당초 다른 사람을 행복하게 해 주기 위해 자기 이익을 포기하는 게 아니라, 이기적인 사람이 되지 않기 위해 이익을 포기하도록 가르칠 수 있게 된 건 다 이 덕분이야. 우리로선 큰 점수를 따고 들어가는 셈이지.

남녀 사이일 경우에는 비이기주의에 관한 견해 차이를 이용하거라. 우리가 그동안 이성간에 갈라놓은 의견들 알지? 비이기주의라는 게 여자한테는 주로 다른 사람을 위해 수고하는 걸 뜻하지만, 남자한테는 남을 수고시키지 않는 걸 뜻한다. 그 결과, 아무리 원수를 섬기는 수준이 높은 여자라도 여느 남자보다 성가신 존재가 되어 버리는 게야. 물론 우리 아버지가 완전히 장악한 남자라면 말이 다르지만. 그 반대도 마찬가지다. 원수 진영에서 상당히 오래 지낸 남자라도 자발적으로 남을 기쁘게 한다는 점에서는 기껏해야 여느 여자가 늘상 하는 수준을 넘어서지 못하지.

이렇게 여자는 자기가 좋은 일을 하고 있다고 생각하고 남자는 다른 사람의 권리를 존중하고 있다고 믿는 한, 뚜렷한 이유 없이도 상대방을 철저하게 이기적인 인간으로 치부하게 될 수 있다. 이건 실제로도 일어나고 있는 일이야. 이런 혼동들 위에 몇 가지 혼동을 더 갖다 얹을 수도 있지. 관능적인 매력은 상대방의 뜻에 내 뜻을 양보하는 데서 진정한 기쁨을 느끼는 상호 수용의 상태를 창출해낸다. 그런데 인간들은 원수가 요구하는 수준의 사랑을 품을 경우에도 비슷한 현상이 나타난다는 사실을 잘 알고 있거든. 그러니 너는 그들이 결혼하고 나서도 연애할 때만큼 희생하면서 평생토록 살아야 한다는 걸 법칙으로 정하게끔 해야 한다. 지금이야 관능적인 매력 때문에 희생할 마음이 자연스럽게 솟아날 테지만 매력이 사라지고 난 후에는 그 정도로 애정이 흘러넘칠 리 없지. ……

형식적이고 율법주의적이고 명목뿐인 '비이기주의'가 하나의 규칙—감정적 자원은 이미 고갈되었는데 영적인 자원은 아직 확장되지 못한 탓에 지키지 못하게 된 규칙—으로 일단 자리만 잡는다면, 그야말로 유쾌하기 짝이 없는 결과들이 줄줄이 따라오게 되어있다. ……

운이 좋으면 둘 다 전혀 바라지 않던 일을 해 놓고도 자기 의義에 취해서 만족하며, 자신의 비이기주의에 합당한 특별대우를 은근히 기대할 뿐 아니라 상대방이 자기의 희생을 너무 간단히 받아들인다는 불만까지 슬쩍 품게 할 수 있지. ……

그는 계속 '다른 사람이 원하는 대로' 하라고 우기고, 다른 사람들은 다른 사람들대로 그가 원하는 대로 하라고 우긴다. 감정이 점점 격해진다. 얼마 되지 않아 누군가의 입에서 "좋아, 마음대로 해. 난 절대 안 마실 테니까!"라는 말이 튀어나온다. 바야흐로 양쪽 모두 독한 분노를 품고 진짜 싸움에 돌입한다. 일이 어떻게 돌아가는 건지 알겠느냐?

만약 처음부터 각자 자기 뜻을 솔직하게 털어놓았다면 이성과 예의라는 테두리를 지킬 수 있었겠지. 그러나 이 의견 충돌은 제 뜻을 고집하느라 생긴 게 아니라 거꾸로 상대편의 뜻을 고집하느라 생긴 것이거든. 이렇게 자신들이 실천하고 있는, 또는 적어도 변명으로 삼을 수 있는 명목상의 형식적인 '비이기주의'의 그늘에 가려버린 형편이니, 실상 이 모든 분노는 좌절된 자기 의와 고집과 지난 10년간 쌓여 온 불만에서 나온 거라는 사실을 알아챌 리가 있나. ……

 이런 일들은 전부 연애 기간에 시작될 수 있는 것들이야.
 환자의 영혼을 확보하려면 소소한 진짜 이기주의보다는 정교하면서도 자의식이 강한 비이기주의의 초기 징후들이 결국엔 더 값진 결과를 낳는 경우가 많다. 그런 징후들은 내가 설명한 것과 같은 종류의 악으로 꽃필 가능성이 농후하지.

 서로에 대한 어느 정도의 거짓과 여자가 자기의 희생을 늘 알아주는 건 아니라는데 대한 놀라움 따위가 벌써 이 관계 속에 슬쩍 끼어들어 왔을 수도 있다. 이런 것들을 소중히 여기고, 무엇보다 이 두 젊은 바보가 이런 문제들을 눈치채지 못하도록 각별히 주의하거라. 혹시라도 두 사람이 눈치를 챌 시에는 연애감정이 전부가 아니라 사랑이 필요하다는 것, 그런데 자기들은 아직 그것이 부족하며 외부적 법칙으로 그 부족함을 메울 수는 없다는 걸 깨닫게 되는 사태가 벌어지고 말 게다."
(스크루테이프의 편지 중 p171-177)

 사실 우리는 이기주의가 아닌 이타주의의 삶을 살아야 하는데 그러기 위해서는 하나님께서 우리에게 아들을 내어주신 사랑, 우리의 죄를 대속하신 예수님의 십자가 사랑, 그 사랑을 본받아 '아가페'의 사랑을 실천하는 삶을 살아야 한다. 그러나 결코, 쉽지 않은 삶이다.

세상은 자아를 완성하라고 부추기지만, 하나님은 자아가 죽어야 한다고 말씀하고 있다.
"나는 죽고 오직 예수로만 사는 삶"이 되길 기도드린다.

"우리가 알거니와 우리의 옛 사람이 예수와 함께 십자가에 못 박힌 것은 죄의 몸이 죽어 다시는 우리가 죄에게 종노릇 하지 아니하려 함이니" (로마서 6:6)

"내가 진실로 진실로 너희에게 이르노니 한 알의 밀이 땅에 떨어져 죽지 아니하면 한 알 그대로 있고 죽으면 많은 열매를 맺느니라" (요한복음 12:24)

제31화 ▌▍▋ 전신갑주를 입으라

짧은 인생이지만 살아오는 동안 수많은 사람을 만났고 인간관계 속에서 좋았던 기억들, 마음 아팠던 기억들, 힘들었던 기억들, 심지어 만나지 말았었다면 좋았겠다고 기억되는 일들이 있음을 돌아보게 된다. 내 마음에 정말 미움이 폭발하여 악연이라는 생각을 한 적도 있었다.

하나님을 믿기에 그 어떤 사람을 향하여 증오의 마음을 가져보지는 않았던 것 같다.

그런데 악한 영, 사탄, 마귀는 인간들 마음에 증오심뿐만 아니라 심지어 그 안에 두려움을 함께 넣어주어 최고의 기회를 만들어 인간들이 죄를 짓게 만드는 것이다. 이러한 결과, 죽음에 이르는 지경까지 상황을 만들어 감으로 자신들의 만족을 채우고 있는 것이 아닌가!

두려움이 강할수록 증오는 심해지고 그 증오는 수치심에도 훌륭한 해독제 노릇을 하게 한다는 것이다.

아래 글귀는 C.S루이스의 저서 「스크루테이프의 편지」중 한 대목으로 사탄 삼촌이 조카 웜우드를 가르치는 말이다.

"증오는 뭐니 뭐니 해도 두려움과 섞어 놓았을 때가 최고다. 비겁함은 그 어떤 것보다 순수하게 고통스러운 악덕이지. 미리 생각할 때도 끔찍스럽고, 막상 겪을 때도 끔찍스럽고, 나중에 뒤돌아볼 때도 끔찍스럽거든. 증오에는 그래도 쾌락이 따르기 때문에, 겁에 질린 사람은 공포의 참담함을 상쇄하기 위해 증오라는 보상물을 애용하는 법이다. 따라서 두려움이 강할수록 증오도 심해지게 마련이지. 증오는 수치심에도 훌륭한 해독제 노릇을 해 준다. 그러니 환자(성도)의 사랑에 깊은 상처를 내려면 놈의 용기부터 꺾고 볼 일이야. ……

물론 수치심을 마취시키는 대신 오히려 자극함으로써 절망을 만들어낼 기회도 얼마든지 있다. 이렇게만 된다면야 그야말로 위대한 승리라 할 수 있지. ……

명심하거라. 중요한 것은 공포 자체가 아니라 비겁한 행동이야. 공포의 감정 그 자체는 죄가 아닐뿐더러, 보기엔 즐거워도 소득은 별로 없다." (스크루테이프의 편지 중 p194-198)

우리는 공포, 두려운 마음으로 인해 비겁한 마음으로 이 세상을 살아가서는 안 된다. 하나님께서는 우리의 연약함을 아시기에 성경에 "두려워 말라"고 말씀하신다. "내가 너와 함께 하리라"고 약속해 주셨다. 설교 중 "두려워 말라"는 말씀이 성경에 365번

나온다는 말을 들은 기억이 난다. 매일매일 1년 365일을 살아가는 우리에게 하나님은 매일 매일 약속을 해 주시는 것이다.

악한 영, 사탄, 마귀가 하는 일은 날마다 우리가 죄를 지음으로 하나님과 멀어지게 하고 자신들의 목적을 달성함으로 스스로 만끽하는 것이다.

아래 글귀는 C.S루이스의 저서 「스크루테이프의 편지」중 한 대목으로 사탄 삼촌이 조카 웜우드를 가르치는 말이다.

"네가 그나마 잘한 일이라는 게 고작 개한테 발이 걸려 넘어질 때 벌컥 화내게 만든 것 한 번, 담배를 과하게 피우게 만든 것 몇 번, 기도를 까먹게 만든 것 한 번이 전부라니 할 말이 없다. ……
네 편지에서 유일하게 건설적인 부분은, 아직은 환자의 피로에서 좋은 결과를 기대할 게 있다는 대목뿐이었다. 그거야 충분히 기대를 가질 만한 부분이지. 하지만 네깟 놈 솜씨로는 어림도 없다. 피로는 극도의 온유함과 마음의 평정과 심지어 비전 같은 걸 만들어낼 수도 있으니 말이야.

피로가 분노와 악의와 조바심으로 인도되는 경우도 종종 있다만, 그건 모두 유능한 유혹자들이 달라붙은 덕분이지.

역설적이지만, 짜증을 일으키기에는 완전히 기진맥진한 상태보다는 적당한 피로가 더 좋은 토양이 되는 법이야. …… 인간은 단지 피로하다고 화를 내는 게 아니라, 피로한 상태에서 예기치 못한 요구를 받았을 때 화를 내거든. …… 그러니 우리 쪽에서 아주 약간만 솜씨를 부린다면 기대가 충족되지 못했다는 실망감을, 권리를 침해당했다는 피해의식으로 쉽게 바꿀 수 있다 이 말이야. ……

그러니 환자의 피로에서 최선의 결과를 얻고 싶으면, 먼저 거짓 희망을 불어넣거라. ……

모든 일이 곧 끝날 거라는 생각을 불어넣어서 피로감을 과장하거라. 인간들은 긴장된 상황이 실제로 끝나는 순간, 또는 스스로 끝났다고 생각하는 그 순간, '이제 더 이상은 버틸 수 없다.'고 느끼게 마련이다." (스크루테이프의 편지 p199-201)

그 어떤 유혹으로도 넘어가지 않는 경우 '피로'를 이용해서 죄를 짓도록 유도하는 모습을 보게 되며 놀라지 않을 수 없다. 나만 해도 일로 인해 몸이 지치고 힘들면, 피로가 쌓여 신경이 예민해 지면서 일상에서는 아무 일도 아닌 것에 '짜증'이 나고 심지어 '화'를 내는 경우가 있었다.

피로가 쌓였을 때 또는 내 몸이 아프기라도 하면 내 마음에 알

수 없는 '서러움'이 밀물처럼 몰려 왔다. 그러면서 많은 부정적인 생각들이 내 마음에 들어왔던 것 같다. 그뿐만 아니라 가장 중요한 것은 기도를 할 수 없게 만들었다는 것이다.

하나님께서 주신 우리의 몸은 '성전'이라고 하셨으니 우리의 몸을 건강하게 잘 다스리는 것도 우리의 사명이란 생각을 하게 된다. 그래야 하나님의 일도 잘 감당할 수 있고 세상에서 해야 할 나의 사명도 잘 감당할 수 있을 것이다.

하나님을 사모하며 하나님께 더 가까이 나아가다 보면 하나님을 알아가게 되고, 하나님을 깊이 만나게 되는 놀라운 일을 경험하게 된다. 아니, 하나님은 늘 우리와 함께 계시지만 우리에게 사모함이 없고, 하나님을 알고자 하는 마음이 없으며, 하나님 앞으로 더 가까이 다가가지 않기에 하나님을 믿는 내내 하나님을 만나지 못하는 경우가 있다는 것이 더 맞는 표현일 것 같다.

아래 글귀는 C.S루이스의 저서 「스크루테이프의 편지」중 한 대목으로 사탄 삼촌이 조카 웜우드를 가르치는 말이다.

"환자는 너를 본 순간, '그들'도 보았겠지. …… 영적 존재인 네놈도 벌벌 기는 판국에, 흙과 진창에서 태어난 버러지가 그 영들 앞에 꼿꼿이 선 채 대화를 나누다니. ……

놈은 '그들'만 본 게 아니야 '그'도 보았다. 한갓 짐승이, 침대에서 태어난 그 버러지가, 원수(하나님)를 똑바로 봤다구. 네 눈을 멀게 하고 네 숨을 틀어막는 그 불길이 그에게는 시원한 빛이요 명징함 그 자체로 인간의 형상을 입고 나타났단 말이다.

환자가 그 임재 앞에 엎드려 자신을 혐오하며 자기 죄를 낱낱이 인식하고(그래, 웜우드 너보다 더 분명히 인식했을 게다) 고백하는 걸 보았을 때, 할 수만 있었다면 천국의 중심부에서 불어오는 치명적인 공기와 부딪칠 때마다 네놈이 느끼는 그 숨 막히는 느낌, 마비되는 듯한 느낌과 유사한 현상으로 해석하고 싶었겠지. 하지만 그건 터무니없는 생각이다.

설사 환자가 계속해서 고통을 겪어야 한다 하더라도, 그들이 그 아픔을 끌어안아 줄걸. 그들은 그 고통을 이 땅의 어떤 쾌락과도 바꾸려 들지 않을 게다. 네가 한때 유혹의 무기로 삼을 수 있었던 감각적, 정서적, 지적 즐거움은 물론, 미덕 그 자체가 주는 즐거움도 이제 환자에게는 매스껍기 그지없는 유혹으로 보일 게야." (스크루테이프의 편지 중 p209-211)

하나님은 분명 살아계시고 지금도 일하고 계신다. 그리고 "나를 간절히 찾고 찾는 자가 나를 만날 것이다."라고 약속하신 말씀대로 만나주시고 "너는 내게 부르짖으라 내가 네게 응답하겠고 네가 알지 못하는 크고 은밀한 일을 네게 보이리라" 말씀하신 대로 기도에 응답해 주시며, 내가 구한 것보다 더 크고 놀라운 일을 이루어 가신다.

더욱이 "너희는 먼저 그의 나라와 그의 의를 구하라 그리하면 이 모든 것을 너희에게 더하시리라" 하나님의 영광을 위하여 살아가는 우리에게 약속하신 대로 모든 것을 책임져 주시는 분이심을 의심치 말고 믿어야 한다.

우리는 하나님의 임재를 날마다 경험하고, 날마다 하나님 앞에 부복하여 지은 죄를 낱낱이 고백하며 회개함으로 성결하고 정결하고 거룩한 성도로 지어져 가야 한다.
그래서, 주님 오시는 그 날을 기쁨으로 기다리며 천국 백성으로 살아갈 소망을 품고 이 땅에서 진정한 그리스도인으로 살아가야 할 것이다.
하나님을 영화롭게, 하나님을 기쁘시게 해 드리며 세상을 아름답게 변화시키는 진정한 예수의 제자 된 삶을 살아가길 간절히 기도드린다.
저와 이 글을 읽는 모든 분이 '작은 예수'로 살아가길 간절히 소망한다.

그러기 위해 우리 모두 '전신 갑주'를 입고 영적 전쟁에서 날마다 승리하는 삶을 살기 원한다.

  하나님을 믿는 굳건한 믿음과 구원의 확신을 소유하고, 우리를 도우시는 보혜사 성령으로 충만하며, 진리의 말씀과 기도와 찬양, 전도, 무엇보다 하나님께 올려드리는 예배로 승리하는 복된 인생이 되게 도와주시길 하나님 아버지께 눈물로 부르짖어 간절히 기도드린다.

  우리의 기도에 응답하신 하나님께 감사와 찬송과 영광을 올려드린다. 할렐루~야!!!

  우리의 삶 가운데서 일어나는 「영적 전쟁」을 이겨내려면 어떻게 해야 할까?

  이 글을 쓰는 중 세계선교연대 카톡방에 이형우님께서 영적 분별 지침 10가지를 정리해서 올리셨기에 공유한다.

〈영적 분별 지침 10가지〉

  여러 혼란스러운 영적 현상에 대하여 성경신학적, 역사신학적, 종교현상학적 그리고 영성신학적으로 고찰하고 그 결과 올바른 영 분별을 위한 '사도신경'의 신앙고백을 중심으로 구체적 기준을 제시합니다.

진리의 영적 현상을 감지할 수 있는 기준은 아래의 5가지로 정리할 수 있습니다.

① 성경을 하나님의 말씀으로 인정하는 영
② 예수 그리스도를 시인하는 영
③ 삼위일체 하나님을 고백하는 영
④ 공교회를 인정하는 영
⑤ 사도신경의 내용을 고백하는 영

이 5가지 기준은 어느 하나도 생략할 수 없으며 또한 아래와 같은 5가지 인격과 품위를 갖추어야 합니다.

① 인격적 믿음
② 인격적인 삶
③ 이웃을 위한 헌신
④ 선행의 삶
⑤ 일상생활에서의 성결

혼란스러운 마지막 때를 살아가는 우리 모두 영 분별을 잘 함으로 영적 전쟁에서 날마다 승리하길 바란다.

제3편
말씀과 기도로 무장하라

 악한 사탄 마귀는 항상 우리의 곁에서 호시탐탐 우리를 넘어뜨리려고 기회를 엿보고 있다.
 우리의 삶 가운데서 일어나는 「영적 전쟁」을 이겨내려면 어떻게 해야 할까?
 그러기 위해서 우리는 날마다, 매 순간 말씀과 기도로 무장을 하여야 한다.
 하나님 옆에 꼭 붙어 있어야 한다. 왜냐하면 영적인 존재인 사탄, 마귀를 인간의 힘으로는 이길 수 없기 때문이다. 그래서 사탄의 권세를 이기신 예수님의 이름으로 기도하고 또 하나님의 말씀으로 대적하고 물리쳐야만 하는 것이다.

1. 하나님의 말씀

 "하나님의 말씀과 기도로 거룩하여 짐이라" (디모데전서 4:5)

"~내가 거룩하니 너희도 거룩할지어다~" (베드로전서 1:16)

거룩은 하나님의 명령이다. 하늘 아버지이신 하나님에 속성이 거룩함이기 때문에 하나님의 자녀인 우리 또한 거룩해져야 한다. 거룩해지는 방법은 하나님의 말씀과 기도라고 기록하고 있다. 또한, 예배를 통해 거룩하여진다. 우리를 향한 하나님의 뜻을 이루기 위해 우리는 거룩해지려고 노력하여야 한다. 경건 생활을 위해 힘써야 한다. 그러나 우리의 힘만으로는 할 수 없기에 날마다 하나님 앞에서 말씀과 기도, 예배 생활에 힘쓰며 성령 하나님의 인도하심을 따라 살아야 한다. 성화 즉, 거룩은 영적 훈련을 통해 이루어지는 것이다. 하나님의 말씀에 순종하고 성령 하나님의 인도하심을 따라가면서 일평생 이루어야 한다. 성화의 과정은 끝이 없다. 날마다 끊임없이 하나님 앞에 나아가야 한다. 그래서 거룩함을 매일 이루어 가야 한다.

"하나님의 말씀은 살아 있고 활력이 있어 좌우에 날선 어떤 검보다도 예리하여 혼과 영과 및 관절과 골수를 찔러 쪼개기까지 하며 또 마음의 생각과 뜻을 판단하나니" (히브리서 4:12)

하나님의 말씀은 우리의 혼과 영과 및 관절과 골수를 찔러 쪼개어 죄와 허물, 잘못된 부분을 도려내어 깨끗하게 치유, 회복시키시고 죽어가는 영혼의 생명을 살리기도 하며 마음의 생각과 뜻을 판단하여 옳고 그름을 분별하게 한다. 또한, 우리가 가야 할 방향을 제시하기도 하고 길과 걸음을 친히 인도해 주신다. (시편 119:89-105)

"주의 말씀은 내 발에 등이요 내 길에 빛이니이다"
(시편 119:105)

하나님의 말씀으로 인도함을 받기 위해서는 하나님의 말씀을 많이 읽어야 한다. 또 하나님의 말씀을 사모하여 간절한 마음으로 듣고 새기고 되새김질하며 읊조리고 암송해야 한다. 그때 성령 하나님은 모든 말씀을 가르치시고 생각나게 하신다. 이렇게 살아갈 때 우리는 말씀과 성령으로 충만해지는 것이다.

하나님의 말씀이 주는 유익

"모든 성경은 하나님의 감동으로 된 것으로 교훈과 책망과 바르게 함과 의로 교육하기에 유익하니" (디모데후서 3:16)

성경은 다른 책과는 달리 하나님의 감동, 즉 영감을 받아 기록된 말씀이라 교훈과 책망과 바르게 함과 의로 교육하기에 유익하다는 것이다.

말씀이 우리에게 주는 유익이 무엇인가?

1. 하나님의 말씀은 우리의 영혼을 소성시켜 주신다.

2. 하나님의 말씀은 우둔한 자에게 지혜를 주신다.

3. 하나님의 말씀은 마음을 기쁘게 해 주신다.

4. 하나님의 말씀은 힘을 주신다.

5. 하나님의 말씀은 용기와 희망을 주신다.

6. 하나님의 말씀은 환난 가운데 평안을 주신다.

7. 하나님의 말씀은 어떠한 상황에서도 우리를 도와주신다.

8. 하나님의 말씀은 질병 중에도 도우신다.

9. 하나님의 말씀은 위로해 주신다.

10. 하나님의 말씀은 고통 가운데 있는 자를 붙잡아 주신다.

11. 하나님의 말씀에는 하나님의 명령과 뜻이 담겨 있다.

12. 하나님의 말씀에는 하나님의 능력이 담겨 있다.

13. 하나님의 말씀에는 언약이 담겨 있다.

14. 하나님의 말씀은 잘못된 길로 갈 때 책망하시고 바른 길로 가도록 인도하신다.

15. 하나님의 말씀은 우리를 죄에서 건져 주신다.

2. 기 도

CTS 방송국에서 브라이언 박목사님이 진행하시는 자판기(자기의 판도를 바꾸는 기도)라는 코너에서 말씀을 전하신 내용을 토대로 기도에 대해 생각해 보려고 한다.

하나님은 과연 어떤 기도를 좋아하실까?
또 어떤 기도가 하나님 앞에 상달 될까?
응답 되는 기도는 어떤 기도일까?

반대로 하나님은 어떠한 기도를 싫어하실까?
또 어떤 기도가 하나님 앞에 상달 되지 않을까?
응답 되지 않는 기도는 과연 어떤 것일까?

기도는 내가 원하는 대로 하는 것이 아니라 하나님이 원하시는 기도를 드려야 한다.
그리고 예수님의 이름으로 기도드려야 한다. 예수님의 이름에 권세가 있기 때문이다.

> 예수님의 이름으로 우리가 해야 하는 것이 무엇인가?

1. 예수님의 이름으로 구원을 얻으라.

"다른 이로써는 구원을 받을 수 없나니 천하 사람 중에 구원을 받을 만한 다른 이름을 우리에게 주신 일이 없음이라 하였더라" (사도행전 4:12)

"누구든지 주의 이름을 부르는 자는 구원을 받으리라"
(로마서 10:13)

2. 예수님의 이름으로 죄사함을 받으라.

"베드로가 이르되 너희가 회개하여 각각 예수 그리스도의 이름으로 세례를 받고 죄 사함을 받으라 그리하면 성령의 선물을 받으리니"(사도행전 2:38)

"자녀들아 내가 너희에게 쓰는 것은 너희 죄가 그의 이름으로 말미암아 사함을 받았음이요"(요한일서 2:12)

3. 예수님의 이름으로 하나님의 자녀가 되어라.

"영접하는 자 곧 그 이름을 믿는 자들에게는 하나님의 자녀가 되는 권세를 주셨으니"(요한복음 1:12)

4. 예수님의 이름으로 세례를 받으라.

"그러므로 너희는 가서 모든 민족을 제자로 삼아 아버지와 아들과 성령의 이름으로 세례를 베풀고"(마태복음 28:19)

"베드로가 이르되 너희가 회개하여 각각 예수 그리스도의 이름으로 세례를 받고 죄 사함을 받으라 그리하면 성령의 선물을 받으리니"(사도행전 2:38)
"그들이 듣고 주 예수의 이름으로 세례를 받으니"
(사도행전 19:5)

5. 예수님의 이름으로 생명을 얻으라.

"오직 이것을 기록함은 너희로 예수께서 하나님의 아들 그리스도이심을 믿게 하려 함이요 또 너희로 믿고 그 이름을 힘입어 생명을 얻게 하려 함이니라" (요한복음 20:31)

6. 예수님의 이름으로 모이라.

"두세 사람이 내 이름으로 모인 곳에는 나도 그들 중에 있느니라" (마태복음 18:20)

7. 예수님의 이름으로 감사하라.

"범사에 우리 주 예수 그리스도의 이름으로 항상 아버지 하나님께 감사하며" (에베소서 5:20)

8. 예수님의 이름으로 기도하라.

"너희가 내 이름으로 무엇을 구하든지 내가 행하리니 이는 아버지로 하여금 아들로 말미암아 영광을 받으시게 하려 함이라 내 이름으로 무엇이든지 내게 구하면 내가 행하리라"

(요한복음 14:13-14)

9. 예수님의 이름으로 찬양하라.

"그러므로 우리는 예수로 말미암아 항상 찬송의 제사를 하나님께 드리자 이는 그 이름을 증언하는 입술의 열매니라"
(히브리서 13:15)

10. 예수님의 이름으로 서로 사랑하라.

"내가 아버지의 이름을 그들에게 알게 하였고 또 알게 하리니 이는 나를 사랑하신 사랑이 그들 안에 있고 나도 그들 안에 있게 하려 함이니이다" (요한복음 17:26)

11. 예수님의 이름으로 보호 받아라.

"나는 세상에 더 있지 아니하오나 그들은 세상에 있사옵고 나는 아버지께로 가옵나니 거룩하신 아버지여 내게 주신 아버지의 이름으로 그들을 보전하사 우리와 같이 그들도 하나가 되게 하옵소서/ 내가 그들과 함께 있을 때에 내게 주신 아버지의 이름으로 그들을 보전하고 지키었나이다 그 중의 하나도 멸망하지 않고 다만 멸망의 자식뿐이오니 이는 성경을 응하게 함이니이다" (요한복음 17:11-12)

12. 예수님의 이름으로 치료 받아라.

"믿는 자들에게는 이런 표적이 따르리니 곧 그들이 내 이름으로 귀신을 쫓아내며 새 방언을 말하며/ 뱀을 집어올리며 무슨 독을 마실지라도 해를 받지 아니하며 병든 사람에게 손을 얹은즉 나으리라 하시더라" (마가복음 16:17-18)

"그 이름을 믿으므로 그 이름이 너희가 보고 아는 이 사람을 성하게 하였나니 예수로 말미암아 난 믿음이 너희 모든 사람 앞에서 이같이 완전히 낫게 하였느니라" (사도행전 3:16)

13. 예수님의 이름으로 귀신을 쫓아내라.

"믿는 자들에게는 이런 표적이 따르리니 곧 그들이 내 이름으로 귀신을 쫓아내며 새 방언을 말하며" (마가복음 16:17)

"칠십 인이 기뻐하며 돌아와 이르되 주여 주의 이름이면 귀신들도 우리에게 항복하더이다" (누가복음 10:17)

14. 예수님의 이름으로 믿어라.

"영접하는 자 곧 그 이름을 믿는 자들에게는 하나님의 자녀가 되는 권세를 주셨으니" (요한복음 1:12)

"내가 하나님의 아들의 이름을 믿는 너희에게 이것을 쓰는 것은 너희로 하여금 너희에게 영생이 있음을 알게 하려 함이라"
(요한일서 3:23)

"내가 하나님의 아들의 이름을 믿는 너희에게 영생이 있음을 알게 하려 함이라" (요한일서 5:13)

15. 예수님의 이름을 증거하고 가르쳐라.

"이르되 우리가 이 이름으로 사람을 가르치지 말라고 엄금하였으되 너희가 너희 가르침을 예루살렘에 가득하게 하니 이 사람의 피를 우리에게로 돌리고자 함이로다" (사도행전 5:28)

"예수께서 나아와 말씀하여 이르시되 하늘과 땅의 모든 권세를 내게 주셨으니/ 그러므로 너희는 가서 모든 민족을 제자로 삼아 아버지와 아들과 성령의 이름으로 세례를 베풀고/ 내가 너희에게 분부한 모든 것을 가르쳐 지키게 하라 볼지어다 내가 세상 끝날까지 너희와 항상 함께 있으리라 하시니라"
(마태복음 28:18-20)

예수님의 이름을 믿는다는 것은 예수님만이 구세주라고 믿는 것이요, 예수님의 이름을 증거하고 가르치는 것이 바로 전도와

선교이다. 예수님의 이름은 하나님의 명예, 신분, 권능, 영광, 하나님의 크심과 좋으심을 대표하는 것이며 하나님의 뜻과 계획인 온 인류 구원을 이루시며 성취하시는 언약의 이름인 것이다. 따라서 당연히 예수님의 이름 앞에 모든 피조물이 항복할 수 밖에 없는 것이다.

"이러므로 하나님이 그를 지극히 높여 모든 이름 위에 뛰어난 이름을 주사/ 하늘에 있는 자들과 땅에 있는 자들과 땅 아래에 있는 자들로 모든 무릎을 예수의 이름에 꿇게 하시고/ 모든 입으로 예수 그리스도를 주라 시인하여 하나님 아버지께 영광을 돌리게 하셨느니라" (빌립보서 2:9-11)

"주 앞에서 낮추라 그리하면 주께서 너희를 높이시리라"
(야고보서 4:10)

우리가 하나님께만 항복할 때 우리를 이 세상에 현존하는 모든 문제, 고통, 질병, 어려움, 심지어는 사탄 위로 높여 주시고 대신 싸워 주시고 승리를 주신다.

그러므로 우리는 오직 예수의 이름 앞에 무릎 꿇어 항복하고 회개할 때 회복시켜 주심을 믿고 실천하는 자가 되어야 한다.

먼저 기도하는 자세에 대해 살펴보고자 한다.

기도를 드릴 때 먼저 하나님 앞에 무릎을 꿇어야 한다. 하나님 앞에 항복하는 것이다. 하나님의 주권을 온전히 인정해야 한다. 그리고 날마다 회개하여야 한다. 내가 죄인임을 고백하고 예수 그리스도의 보혈 능력에 힘입어 죄 사함을 입어야 한다. 그리고 하나님의 얼굴을 구하고 죄악에서 돌이켜야 한다.

회개가 안되는 것은 하나님을 모르거나 조금 알고 있기 때문이다. 하나님을 알면 알수록 하나님 앞에 무릎을 꿇지 않을 수가 없다. 나 자신은 아무것도 아님을 시인하고 고백하게 된다.

기도를 드렸음에도 불구하고 응답이 되지 않는다면 이와 같은 이유를 생각해 볼 수 있다.

1. 나의 죄 때문이다. (회개하지 않음)
2. 자기중심적인 기도를 드리고 있기 때문이다.
3. 하나님께 여쭙고 듣고 분별한 후에 기도하지 않은 죄로 인함이다.
4. 나의 잘못된 동기로, 하나님을 제대로 모르고 또 믿지도 않고 기도하는 죄로 인한 것이다.
5. 하나님의 말씀을 모르고 믿지도 않고 기도하는 죄이다.
6. 항상 "주세요. 주세요." 자기 자신만을 위해서 기도하는 죄이다.

그런데 하나님 앞에 항복하고 회개하였음에도 기도를 막고 있는 것이 있다면 나의 기도를 막고 있는 존재와 기도를 방해하는 그 세력을 없애 버리면 된다.

「예수님의 이름」으로 선포 기도하여야 하는데 우선 나 자신을 점검해 보자.

1. 그동안 예수님의 이름의 권능을 제대로 알고, 제대로 믿고 예수의 이름을 불렀는가?
그렇지 않았다면 스스로 인정하고 항복하고 회개하라.

2. 하나님을 존경하고 예의 바른 교제를 해 왔는가?
그렇지 않았다면 회개하고 먼저 하나님과 바른 관계부터 회복하고 다시 시작하라.

3. 어떤 상황에서도 예수님 이름의 권능을 믿는 절대적 믿음으로 간구하라.
4. 어떠한 상황에서도 예수님 이름의 권능을 믿는 절대적 믿음으로 명령기도를 하라. 절대로 의심하지 말라.

5. 하나님의 시간에 하나님의 방법대로 하나님께서 이루시도록 하나님만 절대적으로 신뢰하라. 그리 아니하실지라도

하나님만 신뢰하며 감사하라.

나의 기도를 막고 있는 존재와 기도를 방해하는 세력을 없애기 위해서는 명령 기도를 하여야 한다. (자판기 146회 참조)

예수님의 이름으로 명령기도를 하기에 앞서 우선 성도는

1. 무기력한 종교인에서 신앙인으로 성장하여야 한다.

2. 예수님의 좋은 제자에서 그리스도의 좋은 병사, 기도의 용사로 성장하여야 한다.

3. 기도의 용사로서 모든 피조물에게 예수님을 증거하여야 한다.

4. 기도의 용사로서 사탄에게 빼앗긴 모든 피조물을 다시 하나님께 돌려드려야 한다.

5. 예수님의 이름은 하나님의 명예, 신분, 권능, 영광, 하나님의 크심과 좋으심을 대표함을 알아야 한다.

6. 예수님의 이름은 하나님의 뜻과 계획인 온 인류의 구원을 이루시며 성취하시는 언약의 이름인 것을 알아야 한다.

7. 예수님의 이름 앞에 모든 피조물이 항복하고 하나님께만 항복할 때 모든 문제들과 모든 고통, 모든 질병, 모든 어려움이 풀어지고 해결되며 심지어는 사탄 보다 높여 주시고 대신하여 싸워 주시고 승리를 주신다.

"내가 아버지 안에 거하고 아버지께서 내 안에 계심을 믿으라 그렇지 못하겠거든 행하는 그 일로 말미암아 나를 믿으라 내가 진실로 진실로 너희에게 이르노니 나를 믿는 자는 내가 하는 일을 그도 할 것이요 또한 그보다 큰 일도 하리니 이는 내가 아버지께로 감이라" (요한복음 14:11-12)

"이러므로 하나님이 그를 지극히 높여 모든 이름 위에 뛰어난 이름을 주사 하늘에 있는 자들과 땅에 있는 자들과 땅 아래에 있는 자들로 모든 무릎을 예수의 이름에 꿇게 하시고 모든 입으로 예수 그리스도를 주라 시인하여 하나님 아버지께 영광을 돌리게 하셨느니라" (빌립보서 2:9-11)
"주 앞에서 낮추라 그리하면 주께서 너희를 높이시리라"

(야고보서 4:10)

명령기도

"내가 예수님의 이름으로 명하노니 (   ) 은 묶임 받고 무저갱에 던져질지어다."

☞ (   )안에는 내가 쫓아내고자 하는 악한 영의 이름을 넣으면 된다.

1. 육체적 고통과 질병이 있을 때 예수님의 이름으로 명령 기도하고 치유 받아야 한다.
  "내가 예수님의 이름으로 명하노니 나의 (   ) 질병과 통증은 묶임을 받고 무저갱에 던져지고 깨끗이 치료될지어다." 아멘.

2. 정신적 고통이 있을 때 예수님의 이름으로 명령 기도하고 치유 받아야 한다.
  "내가 예수님의 이름으로 명하노니 나의 영혼은 깨어날지어다."

3. 나의 성품 결함과 중독성도 예수님의 이름으로 명령 기도하고 치료받아야 한다.

4. 나의 체질도 예수님의 이름으로 명령 기도하고 새롭게 회

복되어야 한다.

5. 관계적 어려움이 있을 때 예수님의 이름으로 명령 기도하고 새롭게 회복되어야 한다.
   - 부부 싸움은 비정상이며 비성서적이다.

6. 축복을 막고 있는 것들을 예수님의 이름으로 명령 기도하고 회복되어야 한다.

7. 일상생활에서, 현실에서 하나님의 좋은 것을 막고 있는 것들을 예수님의 이름으로 명령기도하고 회복되어야 한다.

〈명령기도〉를 할 때 다음의 내용을 기억해야 한다.

1. 예수님의 이름으로 하는 명령 기도는 조건적 특권이다.

2. 조건적 특권을 사용하려면 하나님께만 절대적으로 항복하고 예수님만을 절대적으로 신뢰하는 믿음으로 의심하지 않아야 한다. 나의 개인 유익을 위해서가 아닌 올바른 동기로 하나님을 존경하고 예의 바른 교제를 하며 하나님께 여쭙고 듣고 분별하고 순종하며 기도하여야 한다. 그리 할 때 하나님께서 이루어 주시는 것이다.

3. 사사건건 나의 동기를 점검하고 잘못된 동기를 하나님께서 찔러 주시면 바로 항복하고 회개하고 그러한 성향을 예수님께 드리라.

4. 일상생활에서 힘들고 어려울 때 예수님의 이름으로 명령 기도하면서 회복 받고 하나님께만 영광을 돌려라.

5. 의심하지 말고 조급해하지 말고 명령 기도하고 그리 아니 하실지라도 감사하며 기도하라.

대적기도

악한 영은 우리의 마음의 생각, 감정을 타고 들어오게 된다. 따라서 부정적인 생각을 하지 말아야 한다. 그러나 우리의 힘으로는 할 수 없기에 「대적하는 기도」를 드려야 한다. 먼저 부정적인 생각을 대적하는 기도를 공유해보고자 한다.

[부정적인 생각을 대적하는 기도]

예수 이름으로 나의 마음을 공격하는 사탄을 대적한다.
나의 마음과 영혼과 육체와 범사 위에서 손을 떼라.

나의 신앙생활과 가정생활 위에서 손을 떼라.
예수 그리스도의 권세를 주장하노라.
예수 그리스도의 이름과 그의 권세는 나의 것임을 선포하노라.
예수 그리스도의 이름으로 나의 저주를 축복으로 바꾸노라.
나의 마음을 용서로 바꾸노라.
나의 마음의 쓴 뿌리를 화목으로 바꾸노라.
예수의 피 능력으로 나의 고통을 기쁨으로 바꾸노라.
나의 근심을 평안으로 바꾸노라.
나의 아픔을 즐거움으로 변화시키노라.
가난을 부요함으로 바꾸노라.
환란을 감사로 바꾸노라.
시험을 축복으로 바꾸노라.
예수그리스도의 권세와 그의 능력으로 나의 조상적부터의 저주를 축복으로 바꾸노라.

"그런즉 누구든지 그리스도 안에 있으면 새로운 피조물이라 이전 것은 지나갔으니 보라 새 것이 되었도다" (고린도후서 5:17)

이전의 죄악이 지나갔음을 예수의 이름으로 선포하노라.
예수의 이름으로 나의 고통스런 기억을 감사로 바꾸노라.
나의 미래에 대한 불안을 긍정적인 기대감으로 바꾸노라.
아멘, 아멘, 아멘.

나는 예수 안에서 죄 용서받은 사람입니다.
나는 예수 안에서 성령 충만함을 받아 무능력에서
해방되었습니다.
나는 예수 안에서 치료받은 사람입니다.
나는 예수 안에서 가난과 저주에서 해방되고 아브라함의
축복을 받은 사람입니다.
나는 예수 안에서 부활의 소망, 재림의 소망, 영생의 소망을
얻고 사망과 음부를 이긴 사람입니다.

십자가의 오중복음(① 중생의 복음 ② 성령충만의 복음 ③ 신유의 복음 ④ 축복의 복음 ⑤ 재림의 복음)의 은혜를 감사합니다. 오늘 나는 죄악에서 구원받았음을 하나님께 감사하고 찬양합니다.

오늘도 나를 구원하시고 죄를 사하시는 하나님께 감사합니다. 죄를 지었음에도 불구하고, 버림을 받아야 마땅함에도 불구하고 죄를 지은 그대로, 빈손 든 그대로, 못난 그대로, 우리를 사랑하시는 것을 인하여 감사드립니다. 예수님의 이름으로 기도드립니다. 아멘.

영적전쟁기도

다음은 「영적 전쟁 기도」에 대해 살펴보고자 한다. 영적 전쟁 기도를 덮는 기도, 분리 기도, 묶는 기도, 전신갑주의 기도로 나눈 내용과 방패기도, 무장기도를 공유하고자 한다.

1. 덮는 기도

내가 거하는 장소, 시간, 나의 마음, 나의 영혼, 나의 육체, 나의 신앙생활, 나의 사명과 가족, 중보기도를 해 주는 사람을 예수님의 피(보혈)로 덮습니다. 성령의 불로 덮습니다. 나의 의지와 마음을 성령의 불로 덮습니다. 예수님의 피로 덮어 주옵소서. 예수님의 이름으로 기도합니다. 아멘.

2. 분리 기도

나사렛 예수 이름으로 오늘도 사탄에게 경고한다. 오늘 나의 내부에서 역사하는 악한 영들을 예수 이름으로 결박한다. 나의 외부에서 역사하는 어떤 영들에게도 경고한다. 너희들은 분리될 지어다. 외부의 악한 귀신들의 침입을 예수의 피로 차단하노라. 나사렛 예수 이름으로 명하노니 안팎으로 분리되고 떠나갈 지어다. 아멘.

3. 묶는 기도

　오늘도 나의 마음에서 역사하는 귀신을 예수의 피로 묶노라. 나의 영혼에 예수 그리스도의 권세로 보호함을 입을 것을 주장하노라. 마음과 영혼에서 묶일지어다. 육체에서 묶일지어다. 범사에서 떠나갈지어다. 인간관계 속에서 역사하는 영들도 다 묶일 것을 예수 이름으로 명령하노라. 아멘.

4. 방패기도

　전능하신 하나님의 권세를 믿사오니 그리스도의 빛으로 에워싸 주시고 그리스도의 보혈로 덮으시며 그리스도의 십자가로 인치시옵소서. 모든 어둠의 영들과 악의 영들은 지금 이 시간 물러가게 하시고 예수 그리스도의 빛을 통과하지 아니하고는 어떤 세력도 틈타지 못하게 하옵소서. 아멘.

5. 전신갑주의 기도

　하나님 오늘도 하나님의 전신갑주를 입혀 주심을 감사합니다. 오늘 나의 영혼과 육체와 범사 위에 하나님의 전신갑주를 취합니다. 하나님이 주신 삼박자 구원의 은혜 속에서 거하며 영원히 찬양을 드리게 하옵소서. 영혼이 잘됨같이 범사가 잘 되고 강건하게 하옵소서.

   나의 의지를 강하게 하시기를 원합니다. 나의 감정이 나약해지지 않게 하시고 굳센 믿음과 의지로 치유 받은 감정으로 채워주옵소서. 나의 의지와 감정 위에 구원의 투구를 씁니다. 의의 흉배를 붙입니다. 성령의 검을 듭니다. 믿음의 방패를 취합니다. 진리의 허리띠를 두릅니다. 평안의 신발을 신습니다.

   나의 의지와 감정이 건강해지게 하옵소서. 튼튼하게 하옵소서. 새 힘으로 채웁니다. 긍정으로 채웁니다. 감사로 채웁니다. 소망으로 채웁니다. 믿음으로 채웁니다. 희망으로 채웁니다. 축복으로 채웁니다. 주님을 기대하는 마음으로 채웁니다. 산을 들어 바다에라도 던질 수 있는 강력한 신념으로 채웁니다. 어떠한 환란이 다가와도 견딜 수 있는 신앙으로 채웁니다. 축복하옵소서. 예수님의 이름으로 기도합니다. 아멘. 아멘. 아멘.

「영적 전쟁」을 마치며

나의 왕이신 여호와 멜렉 하나님께
감사와 찬송과 영광을 올려드립니다.

전능하신 엘 샤다이 하나님께
감사와 찬송과 영광을 올려드립니다.

지금까지의 내 삶을 인도해 오신 에벤에셀의 하나님께
감사와 찬송과 영광을 올려드립니다.

지금 여기 나와 함께 하여 주시는 임마누엘의 하나님께
감사와 찬송과 영광을 올려드립니다.

앞으로의 삶도 친히 인도해 주실 여호와 이레의 하나님께
감사와 찬송과 영광을 올려드립니다.

나로 승리하게 하신 여호와 닛시의 하나님께
감사와 찬송과 영광을 올려드립니다

내가 가는 곳 어디든지 계시는 여호와 삼마의 하나님께
감사와 찬송과 영광을 올려드립니다.

나의 모든 것을 살피시는 여호와 로이 하나님께
감사와 찬송과 영광을 올려드립니다.

나의 영,혼,육을 치료해 주시는 여호와 라파의 하나님께
감사와 찬송과 영광을 올려드립니다.

나에게 평안을 주시는 여호와 샬롬의 하나님께
감사와 찬송과 영광을 올려드립니다.

부족하고 연약하며 미련하고 우둔한 자 허지영을 택하시고 부르시어 하나님 아버지의 자녀 삼아 주신 것만으로도 너무나 감사한데 하나님의 손으로 날 붙드사 도구로 사용하여 주시니 만만 감사할 따름입니다.

「영적 전쟁」을 집필하는 기간에 수많은 영적 전쟁을 치르게 되어 많이 힘들었지만, 그 모든 상황 속에서도 하나님은 나와 함께 해

주셨고, 친히 가르쳐 주셨으며, 이끌어 주시고 인도해 주셨습니다. 모든 것을 예비하사 보게 하시고 듣게 하시고 찾게 하셨습니다.

하나님께서 하셨습니다.

책을 쓰기 전부터 책을 쓰는 모든 시간 동안에 영적 전쟁을 경험하게 하시고 영적 전쟁에서 승리하게 하셨습니다.
「영적 전쟁」 책도 끝까지 집필할 수 있도록 하나님께서 함께 하셨습니다.

하나님은 지금도 살아계셔서 역사하십니다. 살아계신 하나님을 찬양합니다. 할렐루~야!!!

모든 영광을 온전히 하나님께만 올려드립니다.
아멘,아멘,아멘!!!

〈참고자료〉

1. C.S 루이스 저 스크루테이프의 편지
2. 브라이언 박 목사님 「자판기」 설교
3. 김록이 목사님 저 「모든 묶임에서 자유하라」 및 기도문 (실천사역전문연구원 지음)
4. 죠이풀의 뜰 블로그
5. 네트 153 선교회
6. 여의도 순복음교회 조용기 목사님 설교
7. 꿈의숲교회 최창범 위임목사님 설교
8. 꿈의숲교회 이근욱 목사님 설교
9. 길튼교회 임진혁 목사님 설교
10. 멕시코 예수 사랑교회 에스더 권 선교사님 설교
11. 손기철 장로님 설교
12. Jean Calvin의 기독교 강요 예정론 중
13. 고신대 이상규 교수의 기독교 세계관에서 본 결혼·가정관
14. 이형우님 영적 분별 지침
15. 신원하 저 죽음에 이르는 7가지 죄

부록 1
기도문

우리 영이 하나님의 영으로 충만하고 악한 영이 절대 틈타지 못하게 하기 위해서는 "거룩"해야 한다. 다시 말해 우리 안에 "죄"가 없어야 한다. 악한 사탄 마귀는 '죄'를 통해 들어오기 때문이다. 그러나 이 세상을 살면서 '죄'를 짓지 않기란 쉽지 않은 너무나 힘든 일이다.

생각으로, 말로, 행동으로 알고도 모르고도 죄를 짓게 된다. 그러하기에 우리는 날마다, 매 순간 순간마다 "회개"하여야 한다.

그레이스힐링교회 김록이 목사님이 쓰신 회개기도문과 선포기도문, 그 외 기도문을 공유하고자 한다.

1. 회개기도문

하나님 아버지, 주님의 말씀에 불순종했습니다. 겸손하지 못했습니다.

귀로 듣고 비방했고, 판단했고, 정죄했습니다.
눈으로 보고 비방했고, 판단했고, 정죄했습니다.
다시는 이러한 죄를 범하지 않겠습니다.
내 안에서 기도를 방해한 악한 영, 내 안에서 육신의 고통을 주는 질병의 영, 축복을 가로막는 가난의 영은 예수의 이름으로 명하노니 떠나갈지어다. 끊어질지어다.

파괴하는 영은 끊어질지어다.
가로막는 영은 끊어질지어다.
음란의 영은 끊어질지어다.
죽음의 영은 끊어질지어다.
분열의 영도 끊어질지어다.
배반의 영도 끊어질지어다.
기름 부음이 흐르는 것을 막는 영도 끊어질지어다.

우울의 영도 끊어질지어다.
슬픔의 영도 끊어질지어다.
분노의 영도 끊어질지어다.
예수의 이름으로 명하노니 끊어질지어다. 떠나갈지어다.

이 시간 주님이 흘리신 머리의 피를 받습니다.
주님이 흘리신 손목의 피를 받습니다.

주님이 흘리신 발목의 피를 받습니다.
주님이 흘리신 옆구리의 피를 받습니다.
머리에서부터 발끝까지 뿌리고, 바르고, 덮습니다.
온몸에 전신 갑주를 입었습니다.

하나님의 사랑을 부어 주소서.
하나님의 마음을 부어 주소서.
하나님의 눈물을 부어 주소서.

예수님의 심장을 저에게 주소서.
예수님의 보혈을 저에게 주소서.
예수님의 권능과 은사를 저에게 주소서.
예수님을 마음에 모셔드립니다.
성령님을 마음에 모셔드립니다.
주님 저를 의의 도구로 사용하여 주옵소서.
주님 저를 영광의 도구로 사용하여 주옵소서.

"평강의 하나님께서 속히 사탄을 너희 발아래에서 상하게
하시리라 예수님의 은혜가 너희에게 있을지어다"

(로마서 16:20)

하신 말씀처럼 될지어다.
주님 감사합니다.

이제 새롭게 살겠습니다.
주님의 이름으로 명하노니
생기야 사방에서부터 오라.
모여들지어다.
이제 생기를 충분히 들이마시면서
하나님께서 주신 그 영력을 가지고
살아가는 자가 되도록
주님 크게 도와주실 줄로 믿습니다.
이 모든 말씀 예수 그리스도의 이름으로 기도합니다. 아멘.

"이 기도를 하루에 한 번씩 50일간 반복해서 기도할 때 가계에 흐르는 어둠의 영들이 끊어지고 놀라운 돌파, 증가, 회복이 일어나게 될 것입니다.
그렇게 될 것을 주 예수의 이름으로 선포합니다. 아멘.
축복합니다. 승리하십시오." (김록이 목사)

2. 우상숭배를 회개하는 기도문

하나님 아버지, 나는 현재와 과거에 나의 집안 식구들이 우상숭배, 미신, 굿, 점, 사주 등을 통해 비술/사술에 참여하였음을 고백합니다. 나와 내 조상들이 사탄에게 맹세하고, 서약하고, 봉헌 한 모든 것을 예수님의 이름으로 회개하고 파기합니다.

하나님 외에 다른 신, 혹은 악한 영들에게 기도하여 받은 모든 종류의 유익, 힘, 권리를 회개하고 포기합니다. 나는 악한 영들로부터 받은 '영향력', '능력', '인도받은 것', '지식', '환상', '도움' 등을 회개하고 거부합니다. 나는 악한 영들에게 '복종하는 것', '빌은 것' '구하는 것', '접촉한 것' 모든 것을 거부합니다.

나는 하나님이 기뻐하시지 않는 물건 및 장소의 침범 혹은 거주를 통한 사탄 적인 어떤 것과 접촉된 것을 회개하고 끊어버립니다. 나와 내 조상의 죄를 용서해 주시고, 이제 나는 참된 기독교에 배치되는 것이기에 단호히 버리도록 결단합니다. 나는 또한 사탄이 나와 나의 가정을 공격할 수 있는 사탄의 모든 권한을 박탈합니다.

이 모든 것을 사탄의 권세에서 하나님께 옮겨 주신
예수 그리스도의 이름으로 기도합니다. 아멘.

"우리가 우상숭배를 하면 하나님께서 우리를 긍휼히 여기지도 아니하시고 우리의 기도도 가증히 여기며 듣지 않는다고 말씀하셨습니다. 또한, 우상숭배는 하나님으로부터 오는 좋은 것들을 다 가로막는다고 했습니다.
이 기도문을 아침, 점심, 저녁 세 번씩 6개월을 올려드리십시오. 그러면 그 가문 속에 들어왔던 저주와 모든 문제와 사고의 영으로부터 완전히 자유케 되는 것을 경험하게 될 것입니다. 끝까지 승리할 수 있기를 예수님의 이름으로 축복하며 기도합니다. 아멘." (김록이 목사)

3. 저주를 차단하는 기도문

하나님 아버지, 나와 나의 조상이 어떤 이유든지 간에 의식적으로 무의식적으로 자신이나 후손을 저주한 것을 회개합니다. 예수 그리스도의 권세를 사용해서 모든 저주를 차단합니다. 이로 인해 사탄이 획득한 모든 권리를 취소합니다. 임신 때부터 현재까지의 삶에 미친 모든 저주의 효력을 박탈합니다.

주님, 저주가 나와 후손에게 이미 효력을 발생한 것이 있으면 주님의 능력으로 모든 피해로부터 회복시켜 주옵소서. 반면에 나와 조상이 타인에게 저주를 받을 만한 행동을 한 것이 있으면 주님께서 그 모든 죄를 용서하여 주시고 죄악으로 인해 피해받은 사람들을 치유하시고 회복시켜 주옵소서.

주님께서 저들의 마음을 감동시키사 우리를 용서케 하시고 저들이 우리에게 한 저주를 취소케 하옵소서. 한편 우리에게 날아온 모든 저주를 복으로 돌려보냅니다. 우리가 받은 모든 종류의 저주를 하나님의 복으로 바꾸어 주옵소서.

이 모든 말씀 예수 그리스도의 이름으로 기도합니다. 아멘.

"이 기도를 아침, 저녁 6개월간 올려드릴 때 그 가정에 임하는 놀라운 재정의 축복이 있을 것입니다. 끝까지 인내하며 승리할 수 있기를 주님의 이름으로 축원합니다. 아멘.
축복합니다. 승리 하십시오." (김록이 목사)

4. 당신의 가계(家系) 위에 역사하시는 하나님의 권세를 주장하는 기도문

산 자와 죽은 자의 하나님, 하나님께서 나의 가정을 대표하여 기도할 수 있는 권세와 능력을 주신 것을 감사합니다.
(신명기 28:13, 마태복음 16:19, 28:18-20, 마가복음 16:15-18, 누가복음 9:1-2, 누가복음 10:19, 요한복음 15:16)
이 시간 하나님이 내게 주신 권세와 능력과 믿음으로 하나님 앞과 어두운 세력 앞에서 내 가족을 대표하여 기도합니다.
나의 가계의 모든 식구가 하나님의 형상으로 지음 받은 하나님의 걸작품으로서, 하나님이 나의 가계의 주인 되심을 예수 그리스도의 이름으로 선포하노라. 만약, 나의 조상 및 후손이 하나님 외에 다른 신들을 숭배하고 사탄에게 헌신할 것과 사탄과의 어떤 종류의 계약을 맺게 한 것은 예수님의 이름으로 회개하고 모든 계약과 헌신을 취소하고 파기하노라. 이를 통해 사탄이 나의 가계를 공격할 수 있는 모든 법적 권리 및 그 효력을 박탈하고 무효임을 선포하노라.

이제, 나는 나의 가계를 대표하여 나의 가계의 모든 가족의 영과 혼과 마음을 온전히 하나님께 헌신하노라. 나와 나의 후손은 하나님만 섬길 것을 맹세하노라. (여호수아 24:15)
이 모든 말씀 예수님의 이름으로 기도드립니다. 아멘.

"이 기도를 아침, 저녁으로 6개월간 올려드릴 때 그 가문에 하나님이 부어 주시는 축복의 놀라운 통로가 열리게 될 것입니다. 그러므로 가는 곳마다 하나님이 열어놓으신 그 길을 걷게 될 것이며 삶의 사방에 평안이 임하는 축복을 얻게 될 것입니다.
끝까지 승리할 수 있기를 주님의 이름으로 축원합니다. 아멘.
축복합니다. 승리하십시오." (김록이 목사)

5. 가계(家系) 치유 기도문

하나님 아버지! 나를 지으시고 치유하시고 복 주심을 감사드립니다. 조상으로부터 흐르는 모든 영향력에 대하여 이 시간 예수 그리스도의 이름으로 차단해주시고 이 영향을 받게 된 나의 행위와 조상들의 모든 죄를 회개합니다. 나와 조상이 하나님 외에 다른 신들을 숭배하고 의식적, 무의식적으로 한 모든 거짓 계약을 예수 그리스도 이름으로 회개하고 파기합니다.
이 계약을 통해 내 삶을 묶고 있는 사탄의 모든 결박을 예수님의 보혈의 공로로 끊어버리고 이 계약을 통해 사탄이 나의 가계를 공격할 수 있는 모든 법적 권리와 그 효력을 박탈하고 무효임을 선포합니다.

하나님 아버지! 나와 나의 조상이 의식적, 무의식적으로 자신이나 후손을 저주한 것을 회개합니다. 그리고 태아 때부터 현재까지의 내 삶에 미친 모든 저주의 효력을 예수님의 이름으로 박탈하고 모든 종류의 저주를 하나님의 복으로 바꾸어 주시옵소서. 또한, 나는 연결된 모든 인간관계 속에서 하나님께서 원하지 않고 허락지 않은 모든 부정적 혼의 결속을 차단하고 예수님의 십자가를 모든 인간관계 속에 세우고 그 위에 예수의 피를 뿌리고 부어 버립니다.

하나님 아버지, 이 시간 나는 저주를 초래하게 한 나와 나의 조상이 지은 모든 죄를 미워하고 회개합니다. 나와 자녀들을 조상의 모든 죄와 저주로부터 분리시켜 주시옵소서. 예수님의 피의 권세로 나의 가계에 임한 모든 종류의 죄의 결과 및 저주를 차단하고 제거합니다.

부모님에 조상의 죄가 나에게 영향을 준 모든 종류의 가계적 속박을 예수님의 이름으로 차단합니다. 이제 나의 부모님과 가문을 통해 들어온 죽음과 폭력, 배척이나 교만, 반항, 거역, 분리와 이간, 분노와 두려움, 호색 및 성 도착, 가난, 궁핍, 부채, 이혼, 이별, 불화, 우울증, 비관, 고독 방랑벽, 한 및 슬픔, 학대와 중독의 영을 나사렛 예수 그리스도의 이름으로 추방하노라.

유전병, 정신이상, 암, 당뇨병, 심장병, 고혈압, 갑상선과 비뇨기 계통의 모든 질병과 소화기 계통의 질병을 가져온 모든 더러운 영 들은 예수 그리스도의 이름으로 명하노니 모든 질병과 저주와 재앙을 가지고 떠나갈지어다.
각 세대 간에 예수님의 십자가를 세우고 예수님의 보혈을 뿌리고 바르고 덮습니다.

하나님 아버지, 세대를 통해 나에게 대물림된 모든 죄를 회개합니다. 용서하여 주시고 그 죄 위에 예수 그리스도의 피를 뿌리고 바르고 덮어 주옵시고, 그 피로 정결케 하옵소서.
이 시간 나는 예수님 피의 권세와 사랑과 능력으로 나와 나의 조상들로 인하여 대물림된 죄와 좋지 않은 부정적인 영향력을 끊어버리고 죄로 인한 저주로부터 해방된 것을 선포합니다.

이제 나는 예수 그리스도의 권세로서 모든 저주가 끊어졌음을 선포합니다.

저주로 인하여 나의 생애에 작용했던 모든 악령에서 나를 자유하게 하심을 감사드립니다.
내가 하나님의 자녀요 천국 백성으로 하늘의 신령한 복과 이 땅의 기름진 복으로 충만하게 되었음을 고백합니다. 또한, 내가 하나님의 축복받은 자녀요 하나님의 도우심의 손길이 언제나 나와 우리 가정에 충만하게 되었음을 선포하고 감사와 영광을 올려드리며 나사렛 예수 그리스도의 이름으로 기도합니다. 아멘.

"이 기도문을 아침, 저녁으로 정성을 다하여 6개월간 기도하십시오. 엄청난 경험을 체험하게 될 것입니다. 예수 그리스도의 이름으로 축원합니다. 아멘.
사랑합니다. 축복합니다. 승리하십시오." (김록이 목사)

6. 환자를 위한 기도문

이 시간 환자를 위한 기도를 드립니다.
(몸이 아픈 분, 마음의 소원이 있는 분들은 믿음으로 아픈 곳에 손을 얹으시기 바랍니다.)

이 시간 내가 예수 그리스도의 이름으로 명령하고 선포한다.
모든 속박과 질병의 지배 아래 있는 자들은 예수님 이름으로
자유함을 받을지어다.

모든 고통과 패배, 침체, 거부의 속박 아래 있는 자들은
지금 즉시 예수님 이름으로 자유함을 받을지어다.

많은 사람이 우리 안에 갇혀 있습니다.

이 시간 패배의 우리, 침체의 우리, 증오의 우리에서
예수님의 이름으로 자유함을 받을지어다.

여러분이 어떤 우리에 갇혀 있든지 예수님 이름으로 자유함을
받을지어다.
예수님 이름으로 자유함을 받으라!
예수님 이름으로 건강을 회복받으라!
예수님 이름으로 모든 사업은 묶임에서 해방될지어다!
예수님 이름으로 모든 직업이 묶임에서 해방될지어다!
예수님 이름으로 개인의 미래가 평안으로 열릴지어다!
예수님 이름으로 모든 가족의 미래가 평안으로 열릴지어다!
이 시간 주 예수님 이름으로 명령하고 선포한다.

우리 삶을 통제하고 있는 모든 더러운 어둠의 영들은 지금 즉시 떠나라.
재정을 붙잡고 있는 채무의 영, 가난의 영은
지금 즉시로 개인과 가정, 기업, 교회에서 떠날지어다.

사고와 문제의 영, 죽음의 영은 지금 즉시로 각 개인과 가정, 교회에서 떠날지어다.
개인의 삶이 안정될지어다.
가정이 안정될지어다.
결혼생활이 안정될지어다.
삶의 전 분야가 안정될지어다.
예수님 이름으로 선포한다.
하나님의 말씀이 당신 삶 속에 진리라고 믿어지면 아멘 하십시오.
약한 자는 "나는 강한 자다."라고 말하십시오.
병든 자는 "나는 고침 받았다."라고 말하십시오.
가난한 자는 "나는 축복받았다."라고 말하십시오.
채무가 있는 자는 "나는 모든 채무에서 자유 해졌다."라고 말하십시오.
직장을 구하는 사람은 "나는 하나님께서 원하시는 곳에 취직되었고, 하나님께서 원하시는 사업을 시작하게 되었다."라고 말하십시오.

이 시간 생육, 번성, 충만, 정복, 치리자의 영과 권세가 꿈의 숲교회 위에와 모든 성도에게 강력하게 임한 것을
주 예수 그리스도의 이름으로 선포합니다. 아멘.

7. 2023년 선포기도문

2023년 치유 · 회복 · 돌파 · 증가 · 형통의 영, 하나님을 경외하는 영, 충성과 순복 · 존중의 영으로 충만하여져서 가는 곳마다 주의 이름으로 생육, 번성, 충만하며 정복하고 다스리는 자로 살게 될 것을 주 예수의 이름으로
선포합니다! 선포합니다! 선포합니다!

2023년 너희가 강성할 것이요. 너희의 날이 장구하리라.
(신명기 11:8-9)
하신 말씀이 그대로 이루어질 것을 주 예수의 이름으로
선포합니다! 선포합니다! 선포합니다!

한국 교회 회복을 위하여 탁월하게 우리 모두가 쓰이게 될 것을 주 예수의 이름으로 선포합니다! 선포합니다! 선포합니다!

유형적 교회, 무형적 교회 회복을 위한 7대 운동인 매일 예배, 3시간 기도, 금식 기도, 방언 기도, 은사 운동, 능력전도, 성

경 10장 읽기가 말하는 대로 성취되며 모든 교회와 심령에 자리잡히게 될지어다.
그렇게 될지어다! 그렇게 될지어다! 그렇게 될지어다!
그렇게 될 것을 주 예수의 이름으로
선포합니다! 선포합니다! 선포합니다!

삶의 영역은 더 크게 확장되고 왕성하게 될 것을
주 예수의 이름으로 선포합니다! 선포합니다! 선포합니다!

영·육 간 거부로 일어나고, 사방이 편안해지며, 막혔던 것이 뚫어지고, 능력이 더 하게 될 것을 주 예수의 이름으로
선포합니다! 선포합니다! 선포합니다!
영권, 인권, 물권이 지금보다 갑절로 더하고 영·육 간 가난이 떠나간 것을 주 예수의 이름으로
선포합니다! 선포합니다! 선포합니다!

낮은 골짜기는 돋아졌습니다. 구부러진 길은 곧게 펴졌습니다.
무너진 한국 교회 회복 운동의 중심축에 우리가 쓰일 것을
주 예수의 이름으로 선포합니다! 선포합니다! 선포합니다!

우리 삶의 모든 환난의 문제가 끝난 것을 주 예수의 이름으로
선포합니다! 선포합니다! 선포합니다!

우리의 삶을 훼방했던 다곤신이 무너졌음을 주 예수의 이름으로
선포합니다! 선포합니다! 선포합니다!

모든 혼란의 영, 분열의 영, 죽음의 영, 문제의 영으로부터
완전히 끊어졌음을 주 예수의 이름으로
선포합니다! 선포합니다! 선포합니다!

길은 열렸습니다. 모든 채무도 해결되었습니다.
하나님을 높이고 사람을 세우는 자로 일어납니다.
그렇게 될 것을 주 예수의 이름으로
선포합니다! 선포합니다! 선포합니다!

이 모든 말씀 예수님의 이름으로 기도드렸습니다.
아멘, 아멘, 아멘.

부록 2
축사 사역 실습 (기도문)

축사 기도문

(준비기도/ 본기도/ 마무리기도)
(축사 기도를 하기 전 미리 축사 기도 카드를 작성한다.)

◆ 문진: 어디가 아파서 왔는지?

◆ 안내: 기도 자세, 호흡, 손을 얹는 것에 대해 미리 알려주기

◆ 준비 기도 (나를 보호하고 상대를 보호하는 기도)
 - 성령님, 임하시옵소서.
 - 보혈로 이곳을 덮습니다. 우리 각자 사이에 십자가를 세웁니다.
 - 영들은 호흡으로 나가고, 다시는 공격할 수 없음을 예수님의 이름으로 선포합니다.

- 말대로 될 것을 믿고 예수님의 이름으로 기도합니다. 아멘.

◆ 본기도

- 성령님, 임하시옵소서.
- 정수리는 열리고, 불과 보혈 흘러 들어가.
- 영(병)들은 보혈을 마시고, 성령의 불에 태워져.
- 호흡으로 빠져나가.
- 처음이 100이면 몇 % 좋아졌습니까?
  (마치기 전에 꼭! 물어보기 - 긍정적 표현)

◆ 마무리 기도(채우기, 감사)

- 영(병)들이 나간 자리에 사랑(치유, 평강)을 채웁니다.
- 영광을 주님께만 올려드립니다.
- 감사드리며 예수님의 이름으로 기도합니다. 아멘.

축사 사역

계속 마음과 생각, 행동으로 보혈과 기름을 부으면서 하라

1. 전신갑주를 입는 기도문
   (혼자 또는 다 함께) - [매일 아침 일어나서 무장해라]

   하나님 아버지, 이제 나는 하나님의 전신갑주를 입고 영적 전투에 나갑니다.
   말씀에 의지하여 나는 머리에는 구원의 투구를 쓰고, 가슴에는 의의 흉배를 두르고, 허리에는 진리의 허리띠를 띠고, 다리에는 평안의 복음의 신을 신습니다.
   한 손에는 믿음의 방패, 다른 한 손에는 성령의 검을 듭니다.
   전신갑주에 구멍난 부분을 메워주시고, 연약한 부분은 강하게 해주시며, 어두운 부분은 밝게 하여 주시고, 더러운 부분은 정결케 하여 주옵소서.
   전신갑주 속에 감사와 찬양과 겸손과 거룩의 예수님의 옷을 입습니다.

   하나님 아버지, 예수님의 보혈로 나의 과거, 현재, 미래의 모든 죄가 이미 용서된 것을 인해 감사드립니다.
   나는 보혈의 능력으로 거룩하게 되어 주님의 모습으로 닮아갈

수 있음을 감사드립니다. 이제 나는 영적 전쟁에서 승리하기 위해 예수님의 보혈의 능력을 의지합니다.

주님! 나의 머리부터 발끝까지 생각, 의지, 마음 및 감정과 영혼 모두를 예수님의 피로 씻어주시고, 덮어주시고, 가려주옵소서! 나를 위해 보혈을 흘려주시고 우리를 위해 싸워 주시는 예수님의 이름으로 기도합니다. 아멘.

2. 공간을 정결케 하는 기도와 자신과 동역자 보호기도

이곳에 어둠의 영들은 다 떠나갈지어다. 내담자와의 사이에 십자가를 꽂아놓습니다.
내담자의 영과 우리 속에 있는 영이 힘을 합하지 못하도록 예수님의 이름으로 차단합니다.
[이 기도는 꼭 해야 한다.]

"능력의 하나님, 나는 이 장소에서 일어났던 일 중 하나님을 기쁘시게 하지 못한 일들을 회개합니다. 이 시간 십자가에서 흘리신 보혈을 취하여서 사면 벽에 뿌리고 바르고 덮습니다. 예수 그리스도의 보혈의 능력으로 나는 이곳에 있는 악한 영들을 대적하고 이 장소에서 떠날 것을 명령합니다.
나는 이 장소, 이 시간, 이 사람들을 예수 그리스도께 올려드립니다. 그러므로 내가 명령할 때 이외에는 어떤 악한 영도 활동하지 못하도록 기도합니다."
"나는 여기 있는 각 사람, 그 가족과 친구 및 동료, 그들에게 속한 모든 재정, 건강, 그 외에 모든 것들이 사탄의 복수나 공격으로부터 보호되기를 위해 기도하며, 악한 세력들의 모든 장난을 금지합니다."

"능력의 하나님! 이 사람과 이 사람 밖에 있는 다른 영들 사이에 예수님의 보혈과 성령의 불(fire)과 불빛(light)으로 삼중막을 쳐서 완전히 분리합니다.
나는 예수 그리스도의 이름으로 명령하노니 이 사람 밖에 있는 어떤 영들이 이 사람 안에 있는 악한 영들을 도와주는 것을 금지하노라."

하나님 아버지! 내담자에게 축사 사역을 할 수 있는 기회를 주신 하나님께 감사드립니다. 지금까지 나와 나의 가족과 나와 관련된 사람들과 재산들을 보호해 주심을 감사드립니다. 이 시간 다시 한 번 하나님의 특별한 보호를 요청합니다.

나와 내담 지역의 모든 가족들 한 사람 한 사람, 그들의 재산과 일터를 주님께 올려 드립니다.
천군천사들을 보내셔서 그들을 모든 사고와 질병과 위험과 죄의 유혹과 사탄의 공격으로부터 보호하여 주시옵소서. 이 시간 크고 힘센 천사들을 보내 주소서. 천사들을 명하셔서 우리를 도우라 하소서. 예수님의 이름으로 기도합니다. 아멘.

3. 사역 들어가기 전 준비기도(피사역자를 불러낸다.)
   내담자가 해야 하는 기도 〈내담자에게 읽으라고 한다.〉

"내 속에 빛을 비춰주셔서 내 속에 있는 악한 영들이 정체를 드러내게 하옵소서.
성령님께서 내 안에 있는 악한 영들의 이름들, 그들이 제게한 공격들이 마음과 생각에 떠오르게 하옵소서. 특히, 나를 공격할 수 있는 빌미가 된 죄들과 사건들을 조명해주옵소서. 나사렛 예수 그리스도의 이름으로 명령하노라. 이 시간 내 속에 있는 악한 영들은 너희들의 정체를 드러낼지어다. 나 ㅇㅇㅇ(내담자의 이름)은 내 안에 있는 악한 영들을 다스릴 권세를 ㅁㅁㅁ(사역자의 이름)에게 드립니다.
이 모든 말씀을 어둠 가운데 빛으로 오신 예수 그리스도의 이름으로 기도합니다. 아멘!!!"

[*영 들은 귀가 있어 듣고 있다. 그래서 위임시켜 주고, 누구에게 넘겨준다고 말을 해야 한다.]

사역자는 피사역자에게 미리 사역 방법을 설명하고
ㅇㅇㅇ님 이제 내가 ㅇㅇㅇ에게 기름을 붓고 사역을 할 것입니다. 이때 혹시 ㅇㅇㅇ님의 생각과 감정을 분리시킬 것입니다. 사역할 때 뭔가 생각나는 것, 마음에 떠오르는 것, 보이는 것이나 느낌이 있으면 말해 주셔야 합니다.

 때로는 사탄이 그 사람의 목소리를 사용하기도 하는데 이때 피사역자는 제3자로 통로만 되면 된다는 것을 설명한다

[귀신은 우리의 옛사람, 인격(생각과 감정)에 붙어 있다.
귀신은 우리의 생각과 감정 속에 역사 한다.]

4. 내담자를 위한 사역자의 기도

[십자가에서 보혈이 흐르는 것을 믿고 마음에 흐르는 것이지만 그 보혈이 흐르고 있다고 상상하고 떨어지는 보혈을 믿음으로 손에 받아서 내담자 머리에 붙는다.
 이 시간 내가 예수 그리스도의 이름으로 명령하고 선포한다. 이제 허락하신 보혈을 취하여 ㅇㅇㅇ에게 쏟아붓습니다.]

"나는 ㅇㅇㅇ(내담자의 이름)가 그의 의지를 사용할 것을 예수 그리스도의 이름으로 명령합니다. ㅇㅇㅇ(내담자의 이름)의 의지를 주도하는 악한 영들의 허세를 파기시킵니다. 만일,

너희 악한 영들이 ㅇㅇㅇ(내담자의 이름)가 그렇게 하도록 허락하였기 때문이라고 권리를 주장하면, 나는 ㅇㅇㅇ(내담자의 이름)가 준 허락을 취소하고 ㅇㅇㅇ(내담자의 이름)의 의지를 예수님께 드립니다."

"나는 예수 그리스도의 권세와 능력으로 이 사람과 이 사람의 몸과 마음과 감정과 의지와 생각에 붙어 있는 모든 악한 영들을 완전히 분리합니다. 나는 악한 영들이 몸과 마음과 감정과 의지와 생각에 지어놓은 모든 집을 완전히 파괴하고, 그 집들에 숨어 있는 모든 영들을 전면 중앙으로 끌어냅니다."

"하나님의 자녀 ㅇㅇㅇ에게 인격과 생각, 의지, 몸에서 귀신들은 분리될지어다. 분리되어 나올지어다. 빛이 임하면 어둠의 영은 드러날 줄 믿습니다. 어둠의 영아!!! 너는 네 모습을 드러낼지어다."

이때 주변을 조용하게 하고 기도 동역자들은 계속 피사역자와 사역자에게 보혈과 기름을 붓는다. 사역자는 손을 단전의 아래, 위에 얹는다. 그리고 계속 기름을 부으면서 기다린다. (빛으로 임하소서…)

5. 성령의 기름을 붓는다.(넘어짐) * 손에 기름이 흐른다고 생각하고

"성령님 임하소서! 임하소서! 계속 성령의 기름 부으심이
ㅇㅇㅇ에게 부어지길 원합니다.
다음 성령의 불! 성령의 불!"
이마에 손을 살짝 갖다 댄다. [미는 게 아니다.]
기름부음이 강하면 그냥 쓰러진다. [넘어짐이 없으면 그냥 누우라고 말한다.]

레위기 14장 말씀에 준하여 정수리
[말씀에 의지하여 이마에 성령의 기름을 바릅니다. 이마에 십자가를 긋는다.]

오른쪽 귓부리, 오른쪽 엄지손가락, 오른쪽 엄지발가락에 기름을 바른다.
[왜 이렇게 하는가? 머리끝부터 발끝까지 성령의 권능 아래 잡히라고.. / 사역하다 보면 우상숭배의 영이 발가락에도 숨어 있다.]
이때 피사역자는 기도하지 않게 하고 마음을 열고 생각, 느낌까지 순종할 의지를 갖게 한다.

사역자는 계속해서 성령님을 초청한다.

"빛으로 임하소서. 강하게 임하소서! 더 강한 빛으로 임하소서!
살아계신 하나님, 사랑하는 ○○○에게 빛으로 임하소서.
더 강한 빛으로 임하소서. 더 강한 빛으로 머리에서 발끝까지 빛으로 환하게 비추소서. 뼈마디 관절, 골수까지 빛으로 임하소서. 더 더 계속 강하게 부으소서. 빛으로 임하소서. 빛으로 임하소서. 뼈마디 골수까지 빛으로 임하소서. 각 세포, 신경, 혈관, 근육, 뼈, 오장육부 각 마디마디와 혈에 빛으로 환하게 임하소서."

"빛이 들어가면 어둠은 물러가는 줄로 믿습니다." 하고 찬양을 한다. [6. 준비단계]

6. 준비 [♬주의 보혈 능력있도다♩♪] 보혈 찬송을 충분히 한다.

회개 기도로 준비(조상 죄도 내 죄로 알고 기도), 금식 기도(회중과 함께 뜨겁게).

"빛으로 임하소서! 강한 빛으로 임하소서!"를 반복하며 찬송을 한다.
→ 보혈 찬양, 방언 기도 [귀신은 방언을 싫어한다.] 함께 방언 기도를 뜨겁게 한다.

실제 축사 사역

7. 이 더러운 악한 영아!

↘ [실제 축사 사역에서는 이 부분을 하지 않는다. 말을 많이 시키지 말아야 한다.]

"이 아들 ㅇㅇ, 딸 ㅇㅇ이 하나님의 아들, 딸인 것을 모르느냐! 너는 이제 더 이상 그 속에 숨어 있을 수 없다.
네 이름을 대라. 네가 그 속에서 한 짓을 낱낱이 밝혀라.
너 ㅇㅇㅇ을 죽이려고 했냐, 안 했냐? 너 안에 너 같은 건 몇 마리 있냐? 죽음의 영 ㅇㅇ 마리, 대장 죽음의 영에게 붙는다. 붙었냐?"

[가난 → 음란 → 무당 나와 (무당춤 춰봐) → 용 (절에 다닐 때 들어간 영) 나와! 용 대답해. 이 딸의 몸이 하나님의 성전인 것 아냐 모르냐? 알아? 그러면 나가야지. 나가!]

* 영을 쫓아내는 순서

① 죽음의 영 - ② 가난의 영 - ③ 음란의 영 -
④ 우상숭배의 영〈무당〉- ⑤ 용

※ 축사 사역 전에 영을 체크하게 한다.
제일 먼저 이 사람을 잡고 있던 영의 존재가 무엇인지 알아야 한다. 그 영부터 처리해야 한다. [본인 속에 있는 영을 체크해 보면 본인이 안다.]

축사는 혼자 하는 것이 아니라 내담자(본인도 밀어내야 한다.)와 사역자가 같이해야 한다.

※ 손은 가슴과 단전에 얹는다. 손을 얹으면 톡톡 뛰는 것이 있다.

8. 강력한 축사 기도

① 팀들은 방언으로 계속 뜨겁게 기도하고, 사역자(나)는 예수님의 이름으로 명령한다. "이 어둠의 영 너, 전면 중앙으로 올라와! 올라와! 올라와! 전면 중앙으로 올라와!" 계속 선포한다. 잘 올라오지 않을 수 있다.
손은 불칼이다. 갖다 대면 귀신들이 아프다고 함

② 팀들이 계속 방언으로 뜨겁게 기도하고 있을 때 사역자(나)는 기도하는 팀을 각각 돌아가며 [주여! 불! 성령의 불! 전부 안수를 해준다.]

③ 이렇게 하고 다시 한번 기도한다. "하나님의 전신갑주를 입습니다."
④ 이 사람들과 내담자 사이에 십자가를 놓습니다. 서로 영과 영이 결탁하지 않게 될 것을 예수님의 이름으로 명령하고 선포한다. [영들이 서로 왕래하는 것을 차단]

대장 영에게 붙게 해서 예수 이름으로 결박한다.

※ "죽음의 영 너, 이 딸 하나님의 딸인 거 알지? 네 정체는 드러났다. 더 이상 숨어 있을 수 없다. 예수 이름으로 명령한다. 예수 이름으로 명령한다. 길 열어줄게.
[가슴 있는 부분에 손을 쓰다듬으면서] 이 길로 나가야 한다. 대장 올라와. 너 이 딸에게서 떠나가야 해."
[고개 옆으로 돌려주고 - 기도가 막힐 수 있기 때문에 - 목 청소할 때 만지는 부분을 살짝 눌러준다.]

※ 사역자는 피사역자에게 입을 벌리게 하고 호흡을 깊게, 길게, 강하게 내뿜으라고 말한다.
"입 벌려! 호흡과 기침으로 나간다고 표시하고 나가. 예수님의 이름으로 명령한다. 죽음의 영 너, 지금 즉시로 ㅇㅇㅇ 에게서 나가! 너는 예수님 발 앞으로 갈지어다."

[예수님의 십자가로, 예수님의 빈무덤]
〈영 들을 순서대로 불러내서 쫓아낸다.〉
"나사렛 예수 그리스도의 이름으로 명하노니 ㅇㅇㅇ영아 (혹은 ㅇㅇㅇ 영 우두머리)의 졸개 부하들은 너희 두목에게 묶임을 받고, 너(희)는 ㅇㅇㅇ(내담자)에게서 어떤 소음이나 소란 없이 (혹은 내담자의 집이나 내담자 가족 중 어느 누구도 해를 주는 일 없이) 떠나가서 예수님의 발 앞으로 가라."

9. 확신이 없는 사람에게 "보혈을 부어 주셔서 이제 정결하게 되었습니다."라고 말해 준다.

10. 어둠이 있던 자리에 반드시 빛으로 채워야 한다.

"예수님의 이름으로 명령한다. 어둠이 있던 자리에 빛으로 임하소서."
귀신 축출 후 예수님의 보혈을 붓는다. "악한 영이 차지했던 자리에 하나님의 영으로 채워 주소서. 어둠이 있던 자리에 빛으로 임하소서. 하늘의 신령한 것으로 채우소서."

11. "지금 이 시간 채워진 성령으로 내면의 음성을 통해 주께서 친히 말씀하소서. 예수를 생각만 해도 기쁨이 넘쳐나게 하소서."

→ [*지금 채워진 성령의 기름 부음으로 자신을 축복한다. 자신을 축복 기도하면서 예언이 되는 사람은 예언으로 기도한다. 마무리 기도할 때 방언으로 기도하지 못했던 사람은 방언이 터질지어다. 방언을 하는 사람은 충만하게 방언으로 기도한다.]

"지금 부어진 성령으로 자기를 축복하세요."라고 말한다.
[자기가 자기를 축복 기도하는 이유는 자신의 입의 긍정적인 말이 자기의 뇌에 기억이 된다. 그렇게 해서 훨씬 빨리 치유가 된다.]

12. "이 시간 사랑하는 하나님의 자녀 ㅇㅇㅇ에게 희락의 영을 부으소서. 예수를 생각만 해도 기쁨이 넘쳐나게 하소서."
[*기도의 마무리 사역자가 내담자를 위해 축복해준다.
사역자가 축복 기도를 해줄 때 예언이 되면 예언으로 기도해주는데 이때 예언은 비전에 대해 예언해주라.]

13. **마무리시** 피사역자는 일어나서 두 손 들고 "하나님이 나를 고치셨습니다." 점프하면서 세 번, "하나님께 영광!" 세 번, 사역자는 사역할 때 자신의 손끝, 손이 성령의 검과 불방망이인 것을 인지하고 사역한다. 이때 피사역자를 심하게 때리거나 누르면 안 된다. 손만 대고 있어도 성령님이 역사 하신다.

14. 사역자는 더 이상 그 영이 피사역자에게 침투하지 못하게 마무리 기도하고 자신 역시 머리에서 발끝까지 예수의 피를 뿌려 정하게 하고 기도가 끝나면 손을 털어주어 영력이 나가지 못하게 한다.
[**사탄의 견고한 진이 있는 곳: 겨드랑이, 단전을 중심으로 위아래 좌우, 자궁, 양쪽 가슴 위** 마무리 기도]
[15번의 기도: 치유에 대한 감사는 13번에 들어있고 자신을 축복하는 기도는 11번에 있습니다.]

15. 치유에 대한 감사 및 자신을 축복하는 기도

하나님 아버지, 나와 나의 가정을 조상의 죄악 및 저주로부터 해방시켜 주심을 인해 감사드립니다. 이 시간 죄와 저주와 사탄이 점령했던 부분을 성령으로 채워 주시기를 기도드립니다. 나의 삶과 나의 가정의 식구들 각자를 머리부터 발끝까지 생각과 마음과 감정과 의지를 성령으로 충만하게 채워 주옵소서. 나사렛 예수 그리스도의 이름으로 나의 삶 및 나의 가정을 축복합니다. 나와 나의 가정을 속박했던 것과 반대된 것으로 축복합니다. (구체적으로 하나씩 언급하면서 기도하라.)
나와 나의 가정 안에 새로운 성품이 심겨지고 자라게 하옵소서. 나와 나의 가정을 의의 병기로 주님 앞에 재헌신합니다. 성결케 하시고 사용하여 주옵소서. 예수 그리스도의 이름으로 현재까지 일어난 치유 및 자유 하시는 하나님의 역사를 봉합니다. 이 모든 말씀 예수님의 이름으로 기도 합니다. 아멘.
(팁) 힐링센터에서 축사를 해주고, 교회에 오면 축사를 한다.

[간단하게: 예수님의 이름으로 명하노니 질병에 영, 떠나갈지어다. 간단하게 축사를 먼저 해서 뽑아내라.]

1. 힐링 12단계에서 이 사역을 하게 될 때 내담자에게 미리 금식을 하고 오게 한다.

2. 축사할 때 육신의 힘이 강하게 있으면 잘 나가지 않는다. 그래서 꼭 금식하게 한다.

3. 매일 아침에 일어나면 할 일: 머리에 손을 얹고 주 예수 그리스도의 말씀에 의지하여 전신 갑주 입는 기도, "말씀에 의지하여 머리부터 발끝까지 전신갑주를 입었습니다.~" 매일 무장.

4. 모르면 그냥 이대로 읽기만 해라. 그래도 귀신은 떠나간다.

5. 축사는 입에 익어야 한다. 익숙해져야 한다.
   (여러 번 해 보라.)

주기도문

하늘에 계신 우리 아버지,
아버지의 이름을 거룩하게 하시며,
아버지의 나라가 오게 하시며,
아버지의 뜻이 하늘에서와 같이
땅에서도 이루어지게 하소서.

오늘 우리에게 일용할 양식을 주시고,
우리가 우리에게 잘못한 사람을
용서하여 준 것 같이,
우리의 죄를 용서하여 주시고,
우리를 시험에 빠지지 않게 하시고
악에서 구하소서.
나라와 권능과 영광이
영원히 아버지의 것입니다.
아멘.